新时代传统文化与大学生教育融合研究

彭帮姣 ◎ 著

吉林出版集团股份有限公司

图书在版编目（CIP）数据

新时代传统文化与大学生教育融合研究 / 彭帮姣著
. — 长春：吉林出版集团股份有限公司，2022.4
ISBN 978-7-5731-1365-8

Ⅰ．①新… Ⅱ．①彭… Ⅲ．①中华文化－教学研究－高等学校 Ⅳ．①K203

中国版本图书馆CIP数据核字（2022）第053647号

新时代传统文化与大学生教育融合研究

著　　者	彭帮姣
责任编辑	白聪响
封面设计	林　吉
开　　本	787mm×1092mm　　1/16
字　　数	210千
印　　张	9.5
版　　次	2022年4月第1版
印　　次	2022年4月第1次印刷
出版发行	吉林出版集团股份有限公司
电　　话	总编办：010-63109269
	发行部：010-63109269
印　　刷	北京宝莲鸿图科技有限公司

ISBN 978-7-5731-1365-8　　　　　　　　　　　定价：68.00元

版权所有　侵权必究

前　言

文化兴国运兴，文化强民族强。一个国家之所以能拥有话语权并引领世界历史，关键就在于其优秀的国家精神和优秀传统文化。中华传统文化所蕴含的强大精神内容，具有强烈的历史性和传承性，不仅塑造了我们的道德世界，还影响着我们的物质文化生活。对于高校思想政治教育而言，它扮演着不可或缺的重要角色，大学校园是以传播知识、文化为主的重要场所，是文化传承，推动社会发展的重要基地。将优秀传统文化与高校思想政治教育进行自然巧妙的有机结合，不仅能使中华优秀传统文化后继有人，而且会通过校园文化辐射以及反哺功能让社会大众也接受优秀传统文化的熏陶，这对中华优秀传统文化的传承与新时代背景下实现文化自觉、文化自信具有至关重要的意义。

中国优秀传统文化与大学生教育融合，不仅需要在单一的知识层面进行全面融合，而且需要从精神层面入手，切实帮助高等院校大学生树立正确的思想政治观念。基于此，高等院校可以专家报告为引导，通过思想政治教学人员重点专题讲授优秀传统文化与高等院校大学生研究性学习传统文化、现场思想政治教育相结合的形式，实施"烛光导航"工程。集聚院校内各种优秀传统文化思想政治教育资源，进一步完善高等院校大学生思想政治"大学习"体系，为全员、全过程、全方位实现传统文化与思想政治教育融合提供依据。

综上所述，育才造士，为国之本。高等教育院校应在坚持党对思想政治教育工作宏观领导的基础上，正确认识传统文化中蕴含的思想政治教育价值，结合现阶段思想政治教育情况，立足传统文化，创设新的教育体系，促使中华民族优秀传统文化与高等院校大学生思想政治教育全面融合，切实提高高等教育院校大学生的思想政治意识，为我国培养德智体美劳全面发展的社会主义建设者。

目 录

第一章 新时代传统文化 1
- 第一节 新时代传统文化观与德育教育 1
- 第二节 新时代中国传统文化的传承价值 3
- 第三节 新时代改革思想的传统文化根源 8
- 第四节 传统"和"文化的新时代价值 14
- 第五节 新媒体时代中国传统文化传播 19
- 第六节 新时代大学生传统礼仪文化 22
- 第七节 新时代传统文化教育对高校学生发展的影响 28

第二章 新时代大学生思想政治教育模式 33
- 第一节 当前大学生思想政治教育模式现状及其原因 33
- 第二节 中外大学生思想政治教育模式对比 35
- 第三节 优秀传统文化与大学生思想政治教育模式 37
- 第四节 互联网时代的大学生思想政治教育模式 39
- 第五节 人工智能时代大学生思想政治教育模式 42
- 第六节 马克思主义发展与大学生思想政治教育模式 46
- 第七节 微博的大学生思想政治教育模式 51
- 第八节 同伴导师制与大学生思想政治教育模式 56
- 第九节 心理危机大学生思想政治教育模式 61

第三章 新时代大学生思想政治教育能力培养 65
- 第一节 大学生思想政治教育中大学生人格素养的培养 65
- 第二节 大学生思想政治教育中大学生就业素质的培养 67
- 第三节 思想政治教育视角下新时期大学生干部培养 70

- 第四节　大学生思想政治教育中学生自控力的培养 ... 73
- 第五节　大学生思想政治教育中大学生创新精神培养 ... 75
- 第六节　大学生思想政治教育中学生主体性的培养 ... 78
- 第七节　大学生思想政治教育中诚信与合作的培养 ... 82
- 第八节　思想政治教育视角下的大学生法制素养 ... 84
- 第九节　大学生思想政治教育中大学生社会责任感的培养 ... 87
- 第十节　大学生辅导员思想政治教育中学生心理接受能力的培养 ... 89

第四章　新时代传统文化与大学生思想政治教育融合的理论 ... 92

- 第一节　中国传统文化融入大学生思想政治教育的意义 ... 92
- 第二节　中国传统文化与大学生思想政治教育的关系 ... 94
- 第三节　大学生思想政治教育中传统文化的渗透及价值 ... 99
- 第四节　传统文化在大学生思想政治教育中的应用 ... 103
- 第五节　优秀传统文化与大学生思想政治教育的融合 ... 105
- 第六节　中国传统文化与大学生思想政治教育内在关系 ... 108
- 第七节　中华优秀传统文化与大学生思想政治教育融合的原则 ... 111
- 第八节　新媒体时代中华优秀传统文化与大学生思想政治教育的融合 ... 114

第五章　新时代传统文化与大学生思想政治教育融合路径 ... 119

- 第一节　传统文化环境下大学生思想政治教育 ... 119
- 第二节　传统文化对大学生思想政治教育的价值 ... 122
- 第三节　传统孝文化与大学生思想政治教育的有机融合 ... 124
- 第四节　传统家训文化融入当代大学生思想政治教育 ... 129
- 第五节　传统诚信文化融入大学生思想政治教育的思路 ... 135
- 第六节　用传统文化增强大学生文化自信的思想政治教育 ... 137
- 第七节　中国传统文化精神融入大学生思想政治教育 ... 139
- 第八节　中国传统生态文化融入大学生思想政治教育 ... 141

参考文献 ... 145

第一章 新时代传统文化

第一节 新时代传统文化观与德育教育

以往传统德育教育都属于应试教育,无法适应现代化社会的实际发展需求,而我国有着悠久的传统文化历史,其不但包含丰富多样的文化内容,而且可以给人们一定的启示,对人类的思想进行有效的洗礼。因此学校可以将传统文化和德育教育工作进行充分融合,为祖国培养更加全面的人才。基于此,本节就新时代传统文化观和德育教育的培养方式进行一定的分析。

一、提高思想认识,拓展高校德育教育内容

目前,大多数高校在实施德育教育的过程当中,教学方式普遍过于单一化,基本上都是通过思想政治课堂对学生进行德育教育,在课堂上结合一些案例对德育教育相关理论知识进行讲解。采用这种方式进行教学需要教师提前做好备课工作,事先对课堂讲授内容进行充分了解和规划,并且需要利用课堂上有限的时间对知识进行讲解,让学生可以很好地掌握。在具体实施过程中,这一方式并没有取得非常良好的效果,很多学生都没有对学校的思想政治课引起足够的重视,在实际学习过程中态度也不够端正和认真。除此之外,思想政治课本内容本就比较枯燥,所涉及的范围不够宽泛,根本不能很好地调动学生的学习积极性和热情,更别说让他们主动参与到课堂活动当中,这导致教学目标很难实现。

在对高校德育教育内容进行扩充和扩展的时候,教师可以将传统文化作为一个主要的突破口,对传统文化当中存在的正能量和价值进行充分挖掘,也可以借鉴国外一些先进的教学经验,结合我国目前的实际状况进行合理利用,不断提高我国各大高校学生的思想境界和精神层次。在实际教学过程中,教师一定要将课本中的理论知识和我国传统文化进行紧密结合,对学生做出积极的引导和帮助,让他们可以更好地吸收和内化其中的德育内容,进而有效提高学生的思想道德品质。

二、加强创新力度,革新高校德育教育模式

高校德育教育工作需要采取有效的改革措施和手段,在以往传统教学模式基础之上进

行不断的创新和完善。特别是随着信息技术的迅猛发展，如今已广泛应用于人们日常生产生活多个领域当中，在各大高校学生思想道德观、价值观和世界观形成过程中也发挥着很大的影响作用，尤其是互联网时代的到来更是加快了人们之间的沟通效率，有效突破了时空方面的限制，为高校德育教育模式的不断创新营造了良好的前提条件。教师可以充分利用现代化网络对以往传统的德育教育方式进行不断创新，实现信息的快速共享和交流，具体可以从以下方面进行着手：（1）结合学校实际情况搭建合适的网络平台，通过平台实现对学生的心理咨询和德育教育，为学生之间的良好沟通建立新的渠道；（2）充分利用校园论坛谈论有关德育方面的热点问题，并将传统文化渗入其中，将信息传播手段作为载体对传统文化进行广泛宣传；（3）教师还应该结合学生自身状况进行有效的指导，鼓励学生积极参与各种德育教育活动中。

三、开发文化载体，保障高校德育教育落实

在学生学习过程中，具体路径和平台对学习效果起着决定性作用，对各大高校的德育教育落实情况也有着至关重要的影响。良好的载体可以对传统文化和德育教育进行更好的传达，引领学生树立正确的价值观和世界观，也为高校德育教育的不断创新奠定了坚实的前提基础。高校应该对这些方面的优势和资源进行充分利用，将多种途径作为德育教育工作的载体。首先，可以将各种节日作为传统文化传播的载体，对我国传统民族精神进行有效的挖掘，然后再通过节日给学生进行德育教育指导。比如，可以利用端午节、清明节和重阳节此类具有传统特色的节日，组织一定的传统文化实践活动，让学生可以充分感受到我国传统文化的魅力，从中得到一定的道德和思想启发。其次，通过校园精神文化对德育教育工作进行有效的推动，可以是学习风气、校规校训或者是师生关系等多个方面，在一定程度上对学生起到熏陶和感染的作用。最后，组织相关的传统文化社团，通过这些社团活动有效推动校园传统文化的传承，同时也可以让学生从实践活动当中领悟到更高的德育精神。

四、加强师资培养，提升德育教育的水平

我国传统文化博大精深，因此在传统文化和德育教育过程中对教师的专业素养也提出了更高的要求。各大高校必须不断加强对师资队伍的建设力度，全面提高教师的专业技能和综合素养。首先，各大高校教师在日常工作当中就应该注重不断提高自身的传统文化知识积累和学习，只有这样才能在德育教育过程中将传统文化元素灵活运用到其中；其次，各科教师应该充分发挥自己科目的优势，和其他学科之间进行有效的互动，有效改变以往传统课堂的"满堂灌"模式，让课堂更加形象和生动。

总之，我国传统文化有着几千年的历史，在我国教育教学工作中一直都发挥着不可替代的作用，随着近些年我国对德育教育工作的重视、对品学兼优学生培养力度的加大，这

就需要家庭、学校和社会三方面做好相互配合，在实际教学中充分融入传统文化，为学生创造良好的学习环境，使其学习传统文化的精髓，有效提高他们的德育水平。

第二节 新时代中国传统文化的传承价值

中国传统文化是中华民族在长期的历史实践过程中创造、传承下来的宝贵遗产，虽历经千年沧桑，但在新时代还有很多传承价值亟待我们去挖掘。以中华优秀传统文化作为理论基础，认真归纳总结传统文化在新时代的主要传承特点，即自我革新性、独特性、兼容并蓄性等特征，从而根据其传承中的特点转化为新时代建设社会主义经济、构建社会主义和谐社会和建立新型大国外交关系等方面提供价值源泉和理论基础。

近年来由于经济全球化浪潮的持续猛进和互联网的广泛普及，我国经济在快速发展、各方面信息交流更加顺畅的同时也带来一些巨大的文化冲击。西方主流意识形态不断融入本土文化，随之而来的还有一些西方腐朽文化对我国的渗透，社会领域中道德滑坡现象层出不穷，不少人对个人主义、自由主义等社会思潮缺乏科学判断。这与快速发展的经济形成鲜明对比，文化建设中的"短腿"现象依然存在。于是，有许多专家学者强烈呼吁应该在传统文化中寻找解决问题的答案，党的十九大报告中明确指出中国优秀传统文化是中国特色社会主义文化的主要来源之一。因此，解决以上状况需要用中国优秀传统文化来保驾护航。

一、中国传统文化的概念

文化的概念。对于文化的概念，当前学术界一直没有形成一个共同认可的观点。《说文解字》解释为："文，错画也，象交文。"显然这里的"文"主要指"交错刻画的花纹"的意思。当然"文"字的含义因不同的语境和语句又有所区别，主要有"修饰；文德教化；文华，辞采；文章典籍；自然现象"等不同的意思，而"化"字的内涵，《说文解字》解释是"化，教行也。注曰：'教行：教行于上则化成于下。'徐灏笺：教化者。移风易俗之义"。化字的内涵丰富多样，如变化、造化、生成、习俗风气等意。对"文"与"化"最早并联使用较早见于战国末期的《易·贲卦·象传》中"文明以上，人文也。观乎天文，以察时变；观乎人文，以化成天下"，这里指出用人伦关系和社会规律来教化人民。

而近年来，对于文化的内涵，中外专家学者也没有一致的观点。据1952年美国学者克鲁伯和克拉克洪所著的《文化，关于概念和定义的探讨》一书中的记录可知，文化的内涵有一百六十多种解释。近现代的"文化"一词是由拉丁文"culrura"转译到中国的，原义是"指农耕及对植物的培育"，指的是一种有关农业种植与园艺有关的物质生产活动。1871年，被称为"人类学之父"的爱德华·泰勒(英)认为："文化是包含知识、艺术、道德、习俗等个人在社会中生存所必需的能力的复合整体。"他在《原始文化》一书中对文化的概括为我们理解当代社会文化奠定了基础。苏联学者认为"文化是使文明更高尚的精神",而我国学者则认为"就其在社会生产实践过程中的创造成果来看,文化是物质文明和精神文明相加的总结果"。

无论中外学者对文化的理解存在怎样的差异,但基本是从狭义和广义两个方面来对文化进行界定的,学术界比较认同王仲士教授在《马克思的文化概念》一文中所总结的文化概念：马克思所持观点为,从广义的角度来看,"文化是以人化自然为起点,以人的本质力量的对象化为根本的,包含人作为社会成员在改造自然过程中所创造的物质文明、精神文明、制度文明等要素"。有时文化这一概念在马克思的文章中表示不同的意思,且往往是沿用或借用别人的文化一词而使用的,一般这里表示的文化概念是狭义的。

中国传统文化的概念。谈到中国传统文化必然离不开中国文化,但"中国传统文化"与"中国文化"又有所区别。"中国文化"又称"中华文化",是中华民族数千年来不断地继承、发展和创造的带有中华民族显著烙印的文化。套用中国学者对"文化"的定义,中国文化就是指"中国人民在几千年的社会实践过程中所创造的物质文明和精神文明的总和"。近年来一些学者对文化概念的研究为大家理解中国传统文化提供了有益的指导和借鉴。郝翠梅在《浅谈中国传统文化的现代价值》中指出中国传统文化是指"中国劳动人民在以自给自足的小农家庭经济为背景、以宗法血缘关系为纽带和以儒家的伦理道德规范为轴心的环境中形成的社会文化体系"；李宗桂先生曾指出"对于传统文化的概念,在实际的文化建设实践中,许多专家学者往往把中国传统文化略称为传统文化或中国文化,这就造成了'中国文化'和'中国传统文化'概念的混淆"。他所撰写的《中国文化概论》中明确指出"中国文化就是指中国传统文化"；学者邵汉明在研究"传统文化与现代化关系研究"中的观点与李宗桂先生一致；被誉为"中国文化普及高手"的韦政通先生(台湾)在其书《中国文化概论》中就将中国文化和中国传统文化在同一意义上混合使用。类似情况是学术界惯例。通过上述情况,可以了解中国文化必然是包括中国传统文化的,中国传统文化是中国文化的重要组成部分,而对于"中国优秀传统文化"的概念,虽然学术界提及此概念非常多,但人们也没有一个明确的界定。

鉴于上述对中国传统文化的论述,总地来看,学术界比较认同李宗桂先生的解读。从广义上来看,是指中国劳动人民在历史上所创造的一切成果,包括物质文明、制度文明和精神文明等层面。从狭义上来看,中国传统文化,就是在中华民族历史上存在的带有中华民族显著特性的各种思想文化、伦理规范、观念形态的总和,是包含以儒家文化为核心,墨家、法家、道家文化等多种理论形态并存的文化体系的总称。

二、新时代中国传统文化的传承特点

自我革新的品质保留最核心的特征。中国作为世界四大文明古国之一,令亿万中华儿女值得骄傲和自豪的是，中华文明历经数千载，经历多次朝代更迭和外族入侵，却是世界上唯一一个没有中断的文明。中国的传统文化也饱经沧桑，虽在某些短暂的历史时期内有所中断，在不同的历史时期或多或少地有所改变，但是大体上没有中断过，总地来说变化不大，主要得益于它能在多次的朝代的更替中不断进行自我调整，但是其核心要素一直保留下来。比如，对"天"的崇拜，人们认为天是仁慈的化身，而"皇帝""君主"是上天任命来管理天下的，"天"代表了非排外的世界观，这使得其他民族文化通过融合而不是被征服而友好地融入中国传统文化。因此，中国的传统文化也得以绵延不绝下去。

中国传统文化强大的自我革新、调整能力，使得近代以来一些西方大国惧怕"中国复兴"，但是崛起后的中国是否会如威斯特伐利亚体系中的大国诉诸武力还是按传统文化的精髓以和平手段解决，实践中的中国方案已经给出了答案。如今得到世界各国普遍认可并写入联合国决议的"人类命运共同体"思想，就是来源于儒家的"仁政"思想、墨家"兼相爱，交相利"的兼爱思想、法家"兵者，国之大事，死生之地，存亡之道，不可不察也"的反战思想等中国优秀传统文化。2019年第72届世界卫生大会首次将起源于中医药的传统医学纳入《国际疾病分类》，传统医学进入国际标准体系，这彰显了我国中医药服务在人类健康服务中的能力和地位，体现出中医乃至中国传统文化中的"合和之道"。随着历史车轮的滚动，无论是在古代，还是新时代；无论是自然地传承，还是选择性地传承，中国传统文化在不断自我革新的过程中能取各家文化之长而保留其最核心的特征，且其核心特征又能适应新时代的需要而赋予新的内涵和价值。

特有的多民族传统造就独特的文化。中国传统文化是中国所特有的，与世界上其他民族文化不同。中国传统文化以满足自身需要的农业经济为主、手工业为辅，以汉族文化为核心，在与其他各族人民的交流中融合发展的。这种条件下特定区域特定民族形成的文化圈，具有强烈的民族性。正因为它具有强烈的民族性，所以它是中华民族所特有的，具有独一无二性。1996年，当代著名的国际政治理论家塞缪尔·亨廷顿在其出版的书《文明的冲突》中指出"世界上是存在着多种文明的""中华文明作为单一且独特的文明被大家所认可。"

由于我国幅员辽阔，地大物博，长期处于一个自给自足的环境中，中国传统文化因不同地区、不同民族便形成了具有不同特点的地方民俗，如农民丰收节、传统古庙会、元宵节、少数民族庆贺节等，而且形成了独特的文化区域，如中原、荆楚、巴蜀、吴越等文化区域；不同民族、派别学说之间交融争鸣，形成了诸子百家的文化思想：儒家的"中庸"思想、道家的"无为"思想、墨家的"兼爱、非攻"思想、般若学说六家七宗的佛学思想等各家思想；传统文学中的律诗、古体诗、绝句、楚辞、宋词等；传统医学中的"望闻问切"四诊合参的方法、中医疗法、肢体疗法等等，传统文化渗透在中国的政治、经济、文化、社会等各个方面，区别于世界上其他国家的传统文化，特定的区域及特有的多民族传统造就独特的中国传统文化。

海纳百川的胸怀使其源远流长。中国传统文化历经五千年的历史沉淀而能源远流长的最重要的特点就是其自身的包容性。在历史中成长的传统文化，虽然受传统自给自足的小农经济和中原地区自远古以来"面朝黄土背朝天"的生产方式影响，中国人的思想中难免会有封闭保守的一面，但是在多民族融合中成长起来的中国传统文化，却具备绝大多数国家都不具备的兼收并蓄的大包容、大气势和大气魄，其中最有说服力的是儒家文化，儒家学说是不局限于自身而汲各家学说之长的集大成者。儒家的"仁政"思想使得传统中国没有出现极端的专制和暴政，与同时期西方国家霍布斯的"利维坦"式国家形成鲜明对比。现今儒家的"己所不欲，勿施于人"的思想仍挂在联合国大厅里的最显眼位置，作为对工作人员的要求，体现了西方思想界对儒家文化所体现的道德优势的推崇。

我们所称的"华夏文明"在夏商周时期只包括陕西、山东、河南等中原地区的思想文化，而现在含义远超于这一地域限制，这是中国传统文化不断地吸收包容、兼收并蓄的结果，这是因为中国传统文化不仅吸收包含了突厥人、藏族、回族、满族、维吾尔族等游牧民族、少数民族和其他区域在内的多种优秀文明成果，近代还吸收借鉴了西方文明，并形成了自己特有的文化。中国传统文化有以汉字汉语、中华武术、传统节日、传统文学、传统建筑等为载体的丰富内容，同时还有佛教的清心寡欲、儒学的中庸致和、道家的无为而无不为的人生哲学……丰富的内容、多样的形式、高深的哲学思想，融进社会生活的各个方面，因此，中国传统文化这种强大的包容性，使优秀传统文化冲破历史的障碍被累积下来而非互相取代。

简而言之，中国传统文化在历史长河中所表现的自我革新性、独特民族性、兼收包容性等特征是五千年文明光辉灿烂的重要原因，但是传统文化的传承特点绝不仅限于这三个，其世俗性、开放性、多样性、悠久性等都是中国传统文化传承中的特点，这些特点融进上面三个特点之中而构成中国传统文化最重要的特质。

三、新时代中国传统文化的传承价值

有利于社会主义经济的健康发展。随着世界各国联系的越来越紧密，西方加快了以经济实力为基础的"强势文化"的输出，其形式不局限于文化方面，更多的借助经济、政治来发力：肯德基、麦当劳、好莱坞、NBA等带有美国文化元素的事物席卷中国大地。对于这些外来文化，我们要抱有强大的包容性，但又不得不时刻警惕着它带来的强大冲击，无论文化价值观方面还是经济、政治方面的。文化与政治、经济相互交融，同时文化对经济又具有强大的反作用。研究中国近代思想史的主要代表约瑟夫·列文森教授认为"中国的儒学被认为是历史博物馆中的优美陈列品"，儒学学者郑家栋则认为儒家传统是在图书馆里或文人学者的书架上，但是两位著名学者在某种程度上似乎肯定了儒学与今天的断裂。因此，我们要传承并复兴优秀的传统文化，发挥其新时代的经济价值。中国传统文化作为几千年来中华文明的结晶，其在新时代有大量可挖掘的资源，如中国的武术吸引众多海外弟子慕名而来，中医药传到在海外治病救人的例子比比皆是。我国虽拥有丰富的文化资源，但对于文化产业的开发利用却大为缩水，因此，我们应充分挖掘中国传统文化的经济价值，提高其在文化产业上的利用质量和效率。此外，中国传统文化的经济价值不能仅停留在转化为文化产业上，还要体现在对经济领域行业的规范上。

优秀的中国传统文化有利于促进社会主义经济的发展。例如儒家文化中的"仁"与"和"，"仁"就其基本含义而论就是爱人，即爱他、利他、成就他人的精神，而"和"的思想几乎存在于人、自然、社会等多个关系链中，其"团结一致、和睦相处"内涵在当代经济发展中要求人们在追求自己利益的同时要关切他人利益，进而照顾到社会影响，它让人们自觉意识到只有整个国家经济发展了，只有将市场共同做大做强，自己才能分得更大的"蛋糕"，有一个更为广阔的市场前景。"仁"与"和"对西方世界中所强调的个人本位所带来的社会纷争无疑是具有调和矛盾的功效。近年来，诚信问题受到了人们的广泛关注："毒奶粉""假粉条""阴阳合同"和广告的虚假宣传，这些失信企业一次次触动着人们的神经。儒家的"仁"与"和"无疑会给予这些企业正确的道德鞭策，使得整个行业健康成长。

有利于社会主义和谐社会建设。优秀的传统文化是社会主义文化的根基，其核心是儒家、道家与佛家思想。建设社会主义，建设和谐社会，离开这优秀的部分，就缺少了根基，先进文化就成了无源之水、无本之木。随着改革开放的大潮，西化式教育方式下的国人痴迷于过西方的洋节日，如圣诞节、平安夜等，一些人提到民族传统就说太土，认为不爱洋节就是落伍。这是事实真相也是我们对传统节日的宣传不够。我们要形成以中国传统文化为主体的氛围，把各少数民族团结在优秀的汉文化周围，使汉文化成为具有向心力的主体文化精神，这才是真正的兼收并蓄、海纳百川。

社会主义核心价值观提倡的价值追求要去中国传统文化中找答案：几千年来中国传统文化形成了以儒家的"仁义礼智信、温良恭俭让"为核心的道德准绳，对于当代和谐社会的价值体系构建具有重大意义。钱逊先生认为，"传统文化中的仁爱精神威武不屈的独立人格精神，忧国忧民、竭诚尽忠的爱国精神，'慎独'的高度自觉的道德精神以及敬老爱幼等，都是'传统美德'"。作为传统文化中的精髓部分，中国传统文化传递的精神价值是人类文化价值的精华，备受世人瞩目。众所周知，"善行"是中国文化的主导思想，对于崇高的思想品质的追求，陶冶高尚的情操，是大多数中国人所热衷的，这一道德传统亘古未绝，这些优秀的传统道德无疑有利于社会主义和谐社会的构建。溯流至中国神话体系就已有催人向上、顽强不屈的传奇人物如精卫、夸父及愚公等，此后又有如"厚德载物""天行健，君子以自强不息""民吾同胞，物吾与也""先天下之忧而忧，后天下之乐而乐"等著名的观念，这既是民族活力的体现，也是民族自豪感的源泉，中国历史上出现了一代代英雄人物，这些宝贵的精神财富我们仍要继续发扬，使其展现出更强大的时代活力。这些高尚的道德无论在引导人们树立爱国主义还是在自觉提升自身的道德素养方面都具有良好的教化作用。此外，历来主张以"和"为贵的中国传统文化，对于"睦邻友好"等方面提供了参考，对于和谐社会的建设提供了规范。为此，我们的党和政府高度重视对中国传统文化尤其是优秀传统文化的传承，显然是十分有远见的睿智之举。

有利于新型大国外交的构建。传统文化中的"以和为贵"思想是我国处理民族问题和对外交往的一贯主张。中国传统文化历来奉行"大一统"的思想，而中国传统文化也是维系两岸同胞亲如一家的纽带；同时，中国传统文化中的一些论述为中国实际问题的深入研究提供了新的方向。五四运动以来，中国共产党把马克思列宁主义思想与中国文化、中国的革命实践相结合，形成了毛泽东思想。肖静提出在土地革命战争时期，毛泽东思想政治教育主要来源于马克思主义思想政治教育理论和传统的中国德育思想。周恩来总理在日内瓦会议中提出的和平共处五项原则被作为国际处理国家间关系的准则得到广泛认同，其"求同存异"的思想就来源于儒家的"君子和而不同，小人同而不和"的和而不同思想。邓小平理论关于建设中国特色社会主义的实践及方针政策使中国的经济、政治、文化有了突飞猛进的发展，改革开放震惊了全世界。习近平总书记提倡的"人类命运共同体"思想和"一带一路"发展战略，体现了中国秉承和平共赢的外交政策，与世界各国人民共享发展成果。这既符合传统文化的义利观，同时更符合共产党人为人类幸福而奋斗的伟大使命。

亨廷顿在讲"文明的冲突"中提到儒家文化是世界三大文化之一。他还在书中指出："中国的崛起将在 21 世纪初给世界的稳定造成巨大的压力，中国将成为东亚和东南亚支配力量会与美国产生日益严重的摩擦。"这里根据亨廷顿的观点，我们可以清楚地看出西方国家对于中国崛起的危机感，"中国威胁论"的提法也更符合西方国家的利益。

中国传统文化是中华民族在长期的历史实践过程中创造、传承下来的宝贵遗产，虽历经千年沧桑，但还历久弥新，它对社会主义事业的发展仍具有重要的时代价值，我们要深入挖掘其中的精华，传承好、发扬好优秀的传统文化，使其在新时代发挥更大的价值。

第三节 新时代改革思想的传统文化根源

作为新时代中国特色社会主义思想不可或缺的一部分，新时代改革思想批判地吸收和创造性地转化了中华传统文化的精髓。传统文化承载着中华民族的全部情感与习惯，悠久的历史和深厚的文化给了我们无限的自豪感和自信心，古老的传统文化为新时代改革思想注入源源不断的文化力量，其中改革之变是对变易思想这一传统文化的深化认识，中庸之"中"为改革的渐进性提供了基本路径；改革的人民性与民本思想有着紧密的关联；笃行思想与改革的实践性具有深厚的历史渊源。通过对这些传统文化批判扬弃、创造性转化，诞生了具有中国底蕴和中国特色的新时代改革思想。

新时代改革思想与中国优秀传统文化有紧密的联系，这种联系突出表现在客观的礼敬、批判的扬弃和吸收中华传统文化的精华上，从而形成了具有中国底蕴和中国特色的改革思想。任何思想都不是从天上掉下来的，"必须首先从已有的材料出发"，中华传统文化是我们民族的根和魂，代代相承，源远流长，因此新时代改革思想也深受中国传统文化潜移默化、和风细雨的影响，并把这个问题论述清楚，有助于从全局和战略高度全面科学地理解和把握新时代改革思想的文化底蕴和独特魅力。

《易经》的变易思想与改革之变在传统文化中，有源远流长、博大深邃且内涵丰富的变易思想。例如，儒家经典《周易》阐述事物变化发展的道理是无穷的，它通过八卦的演算、阴阳两种势力的矛盾运动来阐明事物的变异，天乾是易与不易、动与不动的辩证统一，包含了变、革、改、化的因素。《系辞下》论道："唯变所适。"这些哲理被后世不断继承和发展。在春秋战国时期的诸子百家中，道家集大成者老庄阐述了天地万物每时每刻都在变化的变易思想，他指出："物之生也，若骤若驰。无动而不变，无时而不移。"战国时期改革家商鞅依据变易思想驳斥杜挚"法古无过，循礼无邪"之说时提出不一道，不法古。韩非子的"不期修古，不法常可"之说也是立足于变易思想。西汉《淮南子》大讲特讲变易之道，其中心内容是先王创建的制度，不适用的就废除。北宋改革家王安石在从事变法实践中也借助于变易思想，他说："尚变者，天道也。"他认为，新陈代谢是自然法则，人类应遵循、效法天道，自觉革故鼎新。到了近代，康有为最早借助进化论率先提出进化史观，强调人类社会是不断发展、不断进步的过程，从而为变法提供新的理论。

可见，传统文化中的变易思想历史悠久、一脉相承，为历代改革家所推崇和承袭，并在新时代改革思想中得到创造性转化和创新性发展，变易思想与改革之变体现在一个过程的两个方面：

改革之变体现在批判不易之道，与时偕行天地万物，瞬息万变，中国特色社会主义社会也是一个不断变化和变革的社会，处在生生不息、革故鼎新的持续变化之中。"中土之学，必求古训。""先以一论，以概余论。"这种思想经过几千年的提倡与推广，成为国人特有的心理习惯。圣道精微博大，万古不变，治学则阐发微言大义，处事则以不易之道应万变之需，求一劳永逸之效。懒于思，贫于疑，懒惰于求，失于进，墨守成规，食古不化，抱残守缺，夜郎自大，严重窒息了中华民族的思想，严重滞碍着国家的蓬勃生机。这种不易之道遭到多次批判，历史从不眷顾因循守旧、满足现状者，机遇属于勇于创新、永不自满者。新时代改革思想批判地继承了传统文化的变易思想，用唯物辩证法的发展观总揽世界大势，立足于中国实际，紧跟时代步伐，认识到改革的持久之变，并在改革实践中一以贯之，坚决推进。习近平主席多次论述了改革之变的必要性和正当性。"穷则变，变则通，通则久""凡益之道，与时偕行""明者因时而变，智者随事而制"，鉴于此，他认为真正的改革不随波逐流，也不故弄玄虚，关键在于把握时代、贴近时代、实事求是、坚持持久改革与时俱进。"事不凝滞，理贵变通"，中国特色社会主义改革历经风风雨雨仍然并将一直保持着强大的生命力，就在于把握辩证主义认识论和方法论，保持着与时俱进的改革魄力。对待变化要充分发挥主观能动性，就是在主动变通中逐步适应并掌握主动，在主动改变中应对一切改变。一个国家、一个政党，如果在时代的浪潮下不懂得变通、不知道创新进取，那么必然会被时代抛弃，更不用说擘画兴旺发达、蒸蒸日上的蓝图。这就要求新时代能够主动求变、创新进取、会作为、敢作为。"不日新者必日退"，强调过去不适宜的，现在却可能要雷厉风行、势在必行；过去不可超越的，现在则必须有所作为、敢有所作为。改革最忌抱残守缺、墨守成规、不求进取，改革必须吐故纳新、革故鼎新、与时俱进。"苟日新，日日新，又日新"则从动态的角度来强调不断革新、不断创新。要以一种革新的姿态，来适应并推动社会大踏步向前发展，决不能因循守旧，停滞不前，更不能走回头路甚至是邪路以妄图阻挡滚滚向前的历史车轮。

改革之变体现在坚持正确方向，实现中华民族伟大复兴、建成社会主义现代化强国是新时代改革的总目标总任务。为了实现这个总目标总任务，习近平主席在党的十九大报告中指出，"综合分析国际国内形势和我国发展条件，从2020年到21世纪中叶可以分两个阶段来安排。第一个阶段……基本实现社会主义现代化。第二个阶段……建成社会主义现代化强国。"由此可知，到21世纪中叶，新时代要给中华民族伟大复兴画上振奋人心的句号，实现伟大梦想。新时代提出的"两步走"的发展时间点战略部署，正是从时间维度阐释长远任务与阶段任务的衔接，使现代化强国道路更加稳妥、更加完善、更加可行。"两个阶段"分两步走的改革方案的提出，体现了新时代改革渐进性的历史轨迹，是中国传统古典智慧在新时代治国理政中的高超巧妙应用。政治是大局，是统率，是灵魂。新时代绘制的时间表、路线图，是最大的政治、是最应讲的规矩、是最可循的路径。如果上下能够做到对称，讲政治、讲规矩、循规律，改革就一定能够不断向前推进，那么建成富强民主文明和谐美丽的社会主义现代化强国必定能如期圆梦。在实现伟大梦想的进程中，"第一个百年目标"，即到2020年，全面建成小康社会。"第二个百年目标"三十年又分成两个十五年，一个任务一个任务去实现，一段时间点一段时间点去改革，积极稳妥，蹄疾步稳，层层渐进。表明新时代将改革总任务与改革路线的把握上升到一个崭新的高度，改革的新时代画卷正徐徐展开。

新时代改革之变把握了传统文化变易思想的易与不易、动与不动的辩证统一的精粹。"不易"是那些"有些不能改的，再过多长时间也是不改"的底座部分。"变易"则是善于变化、以变而存，不断用新鲜、活泼的元素剔除僵化、残缺的因子。需要注意的是，新时代改革思想克服了传统变易思想的诸多不足。一是认识到历史不是简单的重复或周而复始的循环，跳出了传统文化用"金木水火土"五行相互转化、相生相克来简单推导历史发展"一治一乱"的循环论；二是认为历史不仅是变化的，而且是前进的、上升的，抛弃了变易思想只谈量变不重视质变的缺陷；三是传统变易思想以变求不变，妄图皇权永固以阻止社会变革。世界潮流，浩浩荡荡。新时代改革思想跳出了传统变易思想的窠臼，抢抓机遇，顺势而变，顺应了新时代的改革大势。

中庸之"中"与改革的稳步推进传统文化对新时代改革的影响，绝不只囿于变易思想，更重要的是在传统文化中沉淀的渐进性思维，影响着人们对待不同改革方法，并最终使中国改革不走极端。可见，渐进性智慧贯穿于改革全过程，在历史上有着源远流长的谱系。孔子最早把中庸总结提炼出来。《中庸》言："执其两端，用其中于民。"《尚书》言："人心惟危，道心惟微，唯精唯一，允执厥中。"执两用中、允执厥中，关键就在一个"中"字，即渐进性。以"中庸"看世界，不会执着于哪一种激进思想或者迟缓方案，而是要在这之间求取平衡，最后按照"中和"的原则形成一种适度、具有成效的状态。按照中国的渐进性思维对世界的理解，渐进比激进好，稳妥审慎比急躁突进好，中和比走极端好。古人说"极高明而道中庸"，"极高明"就是对世界的认识达到极致完美的状态。在这之后，走的道路和依据的准则是"中庸"，就是不走极端、执两用中。中庸形成了中国独特的哲学体系，沉淀为一种不走极端的智慧，成为人们从历史中继承而来的潜移默化的思维方式。正是这种独特的思维方式，让中国能够以一种渐进性思维对待各种改革策略、改革路径和发展方案，从而塑造出新时代改革思想独特的渐进性轨迹。

改革策略上渐进改革是一项影响深广、复杂艰难的大工程，稍有不慎和失当都可能导致全局失利。而审慎、稳健的工作作风使改革部署得当，增加了成功的保险系数。古代巧妙运用渐进性改革的典范当属明代张居正。经过长时间的酝酿和准备，他对历史和现状进行了细致的考察，精审地在设计蓝图的基础上有步骤地展开，稳妥地向纵深发展，在改革的进程中较顺利地取得成功，没有出现大的波折。然而，历史上也有众多变法因急风暴雨式而最终失败。王莽改制缺乏通盘考虑，轻率从事，因而手忙脚乱；范仲淹仓促推出庆历新政，"更张无渐"。王安石变法"求治太急"，不但全国改革一刀切，而且来势过猛，最终导致失败。因而，渐进性改革不仅能提高改革措施的完善程度，而且能增强社会对改革的适应性，在一定程度上减弱了改革必然遇到的习惯性阻力，这是值得借鉴的。

改革越深入，就越不可避免地触动既得利益者，就越将面临千难万险、种种挑战。"审大小而图之，酌缓急而布之；连上下而通之，衡内外而施之"，改革是一项巨大艰难而又复杂的系统性工程，在改革的过程中要把握好各种关系的耦合性和连接性，对于改革的大小关系，坚持用大原则管小原则、小道理统治于大道理，把握好大与小的关系；对于改革的急缓关系，时机成熟、条件允许的就雷厉风行地推进，反之则从长计议、徐徐图之；对于改革的上下关系，坚持顶层设计和基层试点相结合，把基层经验上达顶层，形成顶层设计，顶层设计再落地基层，广而推之，使改革的进程在中央的把控之下，在地方的实践之中落地生根、次第开花；对于改革的内外关系，保持国内稳定，促进世界和平，为改革提供一个持久稳定和平的内外环境。改革是漫长的，既要有一万年太久、只争朝夕的责任担当，也要有功成不必在我、成功必定有我的历史耐心。改革既不要急于求成，也不要超前推进，否则就会失去法度、打乱节奏甚至出现大的动荡。

中国的改革是在坚持社会主义道路上进行的，这一方向过去不能变，现在和将来同样也不能改变。"为国不可以生事，亦不可以畏事"，不生事，就是不能照搬西方国家的发展模式，不能把西方话语和理论奉为圭臬，用所谓的西方资本主义评价体系和价值体系来度量中国的改革，而不畏事就是对一些妄议我国发展道路的言论要敢于发声、敢于亮剑，理直气壮地维护我国正确的发展道路和根本制度，更不能被西方错误乃至险恶用心的质疑和非议所迷惑，在选择什么样的制度和道路上，要保持清醒的头脑；在根本问题上，自己的主张要坚强有力。在发展道路、治理体系和政治制度等根本问题上，要守护好马克思主义、中国特色社会主义阵地，要守土有责、敢于担当，绝不在根本问题上犯错，因此，在社会主义的大框架下，用务实的态度探索解决具体问题的新办法，而不是否定整个体制框架。改革的初心绝不是对社会主义的改弦更张、全盘否定，也不是另起炉灶、另搞一套，而是把改革当作发展社会主义的一种活力，当成社会主义自我完善、自我发展、自我完备的一种方式。

改革目标任务上渐进"大厦之成，非一木之材也；大海之阔，非一流之归也"。新时代中国进行全面深化改革，是一个遵循规律、循序渐进的过程，等不得也急不得。建功于新时代，既要埋头苦干的韧劲，也要有静水深流的功夫，一心一意谋发展，一个问题一个问题地解决，一层一层地建成高楼大厦，防止毕其功于一役的浮躁。

习近平主席用"审度时宜，虑定而动"来说明改革策略的渐进性。先人说，治大国就像烹小鲜，这是一个火候问题。改革也是这样，随着经济社会转换为中高速发展，改革必然会涉及利益关系的调整，各阶层正在发生深刻的变化，社会结构也在急剧分化或重组，因此，必须把握好改革的力度和节奏，以避免引发剧烈的利益冲撞、经济震荡或社会失衡。如果进行激进的改革，在短时间内出现旧的已经打破、新的尚未建立的真空，则必须承受剧烈的阵痛和巨大的损失。中庸之"中"的智慧就在改革中淋漓尽致地体现出来。在改革的过程中，恰到好处地把握"中"，使旧体制渐进稳步地过渡到新体制，完成华丽蜕变，走出一条独具中国特色、中国智慧的渐进道路。不奢望通过"创世纪"的办法在一朝之间就实现目标。

新时代改革吸收了中庸思想的精华部分，保持了事物在质的稳定的前提下有一定的过渡性、灵活性，使事物能够在发展的过程中稳中向好，这是中庸思想在改革路径中应用所具有的普遍意义。然而，产生于先秦时期的中庸思想不可避免地带有那个时代的唯心主义与形而上学等根本缺陷，它保持事物在质不变的情况下寻找量的积累，不允许破坏旧质，具有保守性，这就容易造成安于现状、墨守成规、故步自封、不思进取，甚至阻碍变革，这种不适合改革的部分遭到了新时代的批判改造和创造性转化，即新时代改革思想取中庸之法的精华，去中庸之意的糟粕。因此，中国改革路线极具特色，改革是渐进的，呈现出路径依赖式的连续性，不断向上生长的姿态。中国改革又是革命性的，具有超越传统仅在体质内收放循环的能力，改革由此呈现出否定之否定的螺旋式上升过程。

民本思想与改革的人民性在中国古代改革家的论述中，民本思想向来是他们重视的核心，也迎合一般百姓追求的政治期盼。春秋战国时期，改革家管仲率先提出富国必先富民的改革思想，并以此来指导他的实践。左丘明抒发了"国将兴，听于民；将亡，听于神"的千年忧思，强调了国家兴亡的关键是民不是神。孟子则提出"民为贵，社稷次之，君为轻"的经典论述，认识到民是国本，把民排在社稷和君主的前面。西汉政论家贾谊总结秦亡的教训是仁义不施，鞭笞天下，陷万民于水深火热之中，提出了"革秦暴政，休养生息"的改革主张。唐太宗李世民提出民水君舟的思想，意识到国家这艘巨船要想行驶久远必须顺应民心。为此，他励精图治，革除隋朝的一系列暴政，开启了一个盛世。明朝张居正则在《陈六事疏》中提出，民是国之本，国家要想长治久安，官吏必须千方百计安民。明末清初思想家王夫之强调养民以宽，治吏以严，主张财富藏于民间。可见，传统民本思想基本上包含顺民、听民、安民、富民等四个方面，民本思想深深地融入了中华民族的血脉，为历代的统治者和思想家所推崇。

新时代改革思想汲取了传统民本思想的丰厚营养，并结合时代特征超凡脱俗地确立了人民至上的改革观和以人民为中心的改革思想，主要体现在四个方面：一是人民改革主体论。人民是国家的主人，改革是人民自己的事。新时代改革的每一次重大突破源于全国各族人民的磅礴之力，每一个新事物的产生和发展都是全国各族人民集体智慧的结晶，每一个智慧和经验的积累源于全国各族人民的辛勤成果。改革的方向、性质和进程始终由人民掌握，这极大地激发了人民参与改革实践的自觉性、主动性和创新性，而传统的民本论的改革主体是明君贤臣，民只是客体，民众只是被重视和关心的对象，民众被动地接受变革，这样就容易损害民众的利益，有时甚至完全走上了与改革民本主义相悖的道路，这也是为何古代改革成功者寥寥无几、大部分留下的是功败垂成的教训的原因，更不必谈形成改革合力。二是把传统的改革"尊君"论升华为新时代的"为民论"，传统民本思想是以民尊君，全天下之民奉君主一人，改革的成果是为君主自家帝位得以永续。而新时代强调要从人民的根本利益寻路子、下功夫、定举措。"天地之大，黎元为先。"新时代以"黎元为先"的改革价值排序，把人民摆在了全面深化改革的首位，改革的价值指向就是以人民为中心。"政之所兴在顺民心，政之所废在逆民心。""足寒伤心，民寒伤国。"习近平主席的这些用典深刻地说明新时代改革的根本动力在于人民，要从人民的根本利益出发。可见，新时代改革把人民摆在至高无上的地位，从改革分配到向贫困宣战，无一不展现改革的人民性。只有找到正确的改革路径，才能增加人民的获得感；只有坚持正确的改革价值，才能凝聚人心。三是以"为民"论为前提，把传统的"听于民"提炼为改革成效，让基层来评判、让人民群众来打分的检验标准。"人视水见形，视民知治不。"改革成败的得失利弊，必须以人民群众是否满意来进行科学研判，进而评定改革工作的成绩。四是明确指出人民是真正的英雄。新时代东风浩荡，是一个需要无数英雄的时代，新时代改革的道路上不会一直有鲜花和掌声相伴，更多的是栉风沐雨、披荆斩棘，这需要英雄的人民逢山开路、遇水搭桥。可见，人民性贯穿于新时代改革思想的全过程、全方位、全领域。

笃行思想与改革的实践性在儒家思想的论述中，修身、齐家、治国、平天下是他们的核心话题，也是历代学者孜孜以求的人生目标和政治理想，它们之间虽然追求的思想境界在逐步提高，但笃行却是每一个层次过渡都必不可缺的环节。最终能达成目标的，在于勇于探索和实践，也就是自强不息，秉此而行，即为笃行。在传统文化中，特别强调知行合一，朱熹和王阳明对此都有论述，而王夫之对"知行"关系的理解具有集大成式的观点，在这里，王夫之特别强调了"行"的重要价值。他突破了传统把"知"和"行"放在等量齐观位置的范畴，他认为"知"是为了"行"，而"行"又可以验证"知"的真伪，并且"知"还可以在不断的"行"中得到纠正和完善。改变世界追求的是行动和成效，认识世界更多的是停留在理论思辨。无疑，中国传统文化中的笃行思想特别突出实干，强调落实。

毋庸讳言，新时代改革思想辩证地融合了笃行思想的精粹，笃行思想体现在改革的方方面面。"以实则治，以文则不治"，强调"把抓落实作为推进改革工作的重点"，为实现改革蓝图，强调实干、注重实干始终是新时代治国理政的鲜明品格。新时代在推行改革大政方针时，时刻强调不驰于空想、不骛于虚声，要脚踏实地，永做改革的实干家。"名非天造，必从其实。"为政之道，贵在实干。纵观古今中外，凡事兴于实，败于名。空唱高调，脱离行动，再美的梦也不过是黄粱一梦。因此，实干兴邦的重要意义再怎么强调都不为过，"一分部署、九分落实"的要求再怎样强调都不算多。新时代坚持以问题为导向，直指最迫切、最亟待解决的问题，狠抓落实，超越了传统笃行思想中根深蒂固的一般道德内涵。

综上所述，优秀的传统文化是构建新时代改革思想的重要来源，改造了传统文化陈旧的表现形式，汲取了与时代内涵相适应的价值理念。第一，承认改革之"变"的合理性和正当性，把事物分为变与不变两部分，跳出历史循环论，实现对变易思想的超越；第二，透视中庸之"中"的内在本质，剔除其落后的一面，又不简单追求调和，既防左又防右，保证改革的渐进性；第三，彻底抛弃民本思想立足封建统治阶级的立场，将其升华为以人民为中心的改革观，人民是改革的出发点和落脚点。第四，把传统笃行思想的"行"创造性转化为改革的实践性，坚持问题导向，狠抓落实，实现了传统文化的内涵升华。

第四节 传统"和"文化的新时代价值

"和"文化是中华民族历代相传的智慧结晶，是传统文化的核心内容。在新时代下应对传统"和"文化批判继承，为其注入新时代内涵，明确其精神实质，发挥新时代的传统"和"力量。本节主要从身心相"和"提高个人素养、人人相"和"促进社会和谐、天人相"和"保护生态平衡、国国相"和"共建地球家园等四个方面探析了传统"和"文化的新时代价值，以期促进传统"和"文化在当代的继承与发展。

习近平总书记在党的十九大报告中指出："文化兴国运兴，文化强民族强。没有高度的文化自信，没有文化的繁荣兴盛，就没有中华民族伟大复兴。""和"文化是传统文化的精华，早已融入中华民族的血液之中，求和、尚和、贵和、重和可以称之为中华民族的族性，不管时代如何发展，中华民族的骨子里始终会带着"和"印记。在进入新时代的中国，传统的"和"文化也要与时俱进。正视其历史局限性，赋予其新时代内涵，将传统"和"文化继承发扬下去，是我们的责任与义务，更是实现中国梦不可或缺的力量。

一、传统"和"文化内涵简述

首先，来探讨一下"和"字的起源，"和"最初是指音律的和谐，"八音克谐，无相夺伦，神人以和"（《尚书·舜典》）。意思是指多种音律相互协调，不互相打乱秩序，那么，神和人都能感受到和谐快乐，因此，古人便认为音乐最能展现"和"，孔子所追求的礼乐制度中的"乐"，大概就是要追求和谐，提倡多样性的和谐统一，做到"克己复礼"。"和"又通"禾"，与农作物有关，这与我国古代的社会经济结构有关，当时以农业为主的生产方式，人们只有在填饱肚子的情况下，才能去感受音乐的和谐美好。所以说，"和"字最初的含义是源于音乐和农作物，与古代劳动人民的生活息息相关。

其次，随着社会的发展与不断变迁，"和"的含义越来越丰富，主要包含"德、仁、礼、合（和合、合和）、谐、协（协和、协调）、调、中（中和）"等，"和"作为最终的追求目标与理想，需要通过"仁""礼""德"来约束与保证，通过"合（和合、合和）""谐""协（协和、协调）""调""中（中和）"等手段和途径来实现。表现在人与身心的和谐、人与社会（国家）、人与自然、国与国的和谐，逐渐形成了中华传统文化中至关重要的一部分——"和"文化，渗透在中华文明的方方面面，包含经济、政治、道德等方面的内容。

最后，在新时代的今天，传统"和"文化的特定内涵主要包括"和而不同"的价值取向、"以和为贵"的处事准则、"和实生物"的哲学智慧等。在一切都飞速发展的当今时代，人类社会的内在平衡遭到了严重破坏，急需一种内在与外在兼具的调和机制进行调节，而传统"和"文化作为中华文化中被普遍认同和接受的精神理念，是最完善、最富有生命力的古老东方哲学形式之一，具有极强的操作性，在工业文明的当今，同样存在重要价值。

二、传统"和"文化的精神特质

第一，"和"是指事物生存和发展中内在的动态平衡，是一种和谐的理想状态。老子曾说："有无相生，难易相成，长短相形，高下相盈，音声相和，前后相随，恒也。"意思是指有和无相对立而存在，有高就有低，有长就有短，声与音相合才能悦耳，有前便有后，这些都是永恒不变的，它们相互对立，相辅相成，实现了内在的动态平衡、稳定和永久。《淮南子·氾论训》中有云："天地之气，莫大于和。和者，阴阳调，日夜分，而生物。"便是把"和"看作是一种最为理想的自然状态，将天地万物都归结于"和"，阴阳相互调和补充，万物达到正常生长，和谐而稳定。在当今社会主义现代化进程中，不可避免地产生各种社会矛盾，需要传统"和"力量加以调和，维持万物生存和发展的内在平衡。

第二，"和"是指事物生存和发展的前提和动力机制。古人认为，阴阳和合，万物才能共生。《道德经》中说道："万物负阴而抱阳，冲气以为和。"意思是指世间万物都有阴阳两面，二者相互对立又相互补充，万物生存和发展就是在阴阳两面的相反相成中达到和谐统一。在这里，"和"是阴阳两面能够共存的前提条件，也是万物能够正常发展的前提。孔子主张"和而不同"，是在承认差异的前提下，尊重差异，将"和"作为最终目标，从而使不同事物向着更加优化的方向发展，在这个过程中，"和"起到了推动作用，使不同事物共同发展。在新时代的今天，全球化趋势越加明显，各国命运更加休戚与共，这就导致不同意识形态和不同政体之间的联系越加紧密,各国关系与利益的调和至关重要。如何能让拥有不同意识形态与不同政治体制的世界各国携手共进,就需要运用中国传统的"和"智慧,发扬古人"和实生物"的思想,将"和"作为一种内在的动力机制,推动世界各国共同发展。

第三,"和"是指事物生存和发展的方法论指导。"和"是矛盾冲突的调节机制,能够有效化解矛盾冲突。孔子推崇"中庸"之道,认为政治平衡与和谐,是一个国家长治久安的方法,而"和"作为一种解决问题的方法,不仅体现在政治上,也体现在人的自我保养上,荀悦在《申鉴·俗嫌》中曰:"养性秉中和,守之以生而已。"当然,"和"还需要掌握一个尺度,不能为了和而和,毫无原则地妥协,反而达不到真正的"和"效果,就像西汉贾谊说的那样:"刚柔得适谓之和。"在新时代的当今,"和"不仅仅局限于个人修养和社会治理上,在国际交往和化解国际矛盾冲突上也至关重要。习近平总书记基于中国传统"和"文化,提出了构建人类命运共同体,是一项惠及全人类的伟大倡议,跨越了种族、国别、意识形态等的桎梏,将全人类的命运紧密联系在一起,很好地给出了世界该向何处去的中国答案。

三、传统"和"文化的新时代价值

党的十九大报告指出:"中国特色社会主义进入了新时代,这是我国发展新的历史方位。"新的社会矛盾,新的发展目标,我们就要以全新的姿态迎接新时代的到来。传统"和"文化在新时代依然拥有巨大魅力,对于其在新时代价值的实现,就需要我们与时俱进批判继承,加入新时代的精神实质,为早日实现中华民族的伟大复兴中国梦发挥"和"力量。

"和"的价值不仅仅包含个人道德规范和人类社会,而且囊括了宇宙万物。在新时代的今天,我们要始终秉持"和而不同"的价值取向,"以和为贵"的处事准则。"和"既是个人修养之道,是调节社会矛盾冲突的和谐之道,是人与自然相处的平衡之道,同时还是各个国家共同发展的和平之道。对于中国特色社会主义现代化建设具有重大意义,对中国梦的实现具有重要价值。

(一)相"和"提高个人素养

人的身心健康离不开"和",身心相"和",指的是人的生理和心理的和谐。传统"和"文化中强调修身养性,注重身体与心灵的和谐。俗语说得好,身体是革命的本钱,想要有所作为,身心健康是首要条件。随着时代的发展,人们生活节奏加快,生活变得紧张而忙碌,再加上各种各样的压力与问题,许多人出现了身心不和谐的情况,而且范围越来越广,不仅是上班族,在校大学生也有类似情况。传统"和"文化中包含很多让人身心达到和谐的理论精华,在新时代的今天仍然适用,散发着传统"和"魅力。

1. 注重养生，强健体魄

古人非常注重养生，认为"和"是人身体健康的重要保证，人体内部各个器官相"和"，人就健康长寿，一旦有不和谐的问题出现，人就会陷入病痛。所谓通则不痛，痛则不通，就是这个道理。新时代的今天，社会经济飞速发展，人们的生活节奏加快，工作强度加大，很容易过度劳累，使身体进入不和谐的状态，因此大部分人的身体处于亚健康的状态。人们似乎没有时间去专门研究养生，并且认为养生是老年人的专属，而自己还年轻，时间还很多。然而，事实却并非这样，养生不在于年龄的大小，不能因为年轻就肆意挥霍，不加节制，养生是我们每个人都应该关注和重视的。

养生可以从小事做起，加强日常锻炼，比如说太极拳，就很好地展现了传统"和"魅力，平和顺畅，将身体的各个部位充分调动起来，使身心得到放松，肉体得以舒展。《黄帝内经》中，将四季变换与人的脏腑功能联系起来，达到"天人合一"，从而促进身体的和谐。注重养生，锻炼强健的体魄，是达到身心相"和"的前提和基础。

2. 心灵滋养，提升道德

古人强调人身心的平静、恬淡，注重修身养性。儒家注重伦理道德，强调个人修身，提升道德，其根本目的也是达到"和"。董仲舒曾在《春秋繁露·循天之道》中说："外无贪而内清净，心和平而不失中正"，它意味着人们应该保持内心的平静与平和，不要有太多的欲望，在外面的世界里保持一种中立的心态，而在功利主义抬头的当今，人们似乎已经忘记了奋斗的初衷就是要让自己幸福快乐，身心健康，反而使自己负重累累，为不知所云的外物所累，导致身心失和。

诚然，在如今社会，要求人们效仿古人淡泊名利，无欲无求似乎不太现实。传统"和"文化中提倡中庸之道，我们能做的就是要秉持内心的中和，不偏不倚，不为一些蝇头小利而打破内心的道德底线。以出世之心，做入世之事，修身养性，滋养心灵，提升自己的道德素养，达到身心相"和"，做新时代的合格好公民。

（二）人人相"和"促进社会和谐

随着改革开放的不断深入，党的十九大报告明确指出：在新的历史时期，我国社会的主要矛盾已经转化成了人民日益增长的美好生活需要和不平衡不充分的发展之间的矛盾。社会的利益主体变得更加多元化、利益的来源呈现多样性、社会利益的冲突与矛盾更加尖锐，各类突发性事件也逐渐增多。要汲取传统的"和"智慧，提高解决问题和冲突的能力，引导社会朝着积极的方向发展，兼顾和协调各方面的关系，促进社会的稳定与和谐。

1. 人际关系的协调是社会和谐稳定的基础条件

所谓"天时地利人和"，在古人看来，"人和"是成功的关键。《易经》中说："二人同心，其利断金。同心之言，其臭如兰。"就说明了"人和"的重要性。要想达到"人和"，就要求每个人都能洁身自好，相互帮助，而不是尔虞我诈，相互诋毁。如果每个人都能做到"克己复礼",提升自己的内在修养,在人与人的交往中,就会和谐很多,社会也会相对稳定。所以说,人际关系的协调是社会和谐稳定的基础条件。

在新时代的当今,我国传统"和"文化更多地表现为共生共赢之和。随着社会的飞速发展,社会各阶层利益分化日趋显著,经济面临转型,社会主要矛盾的改变,社会不稳定因素增多,协调好各阶层的利益关系至关重要。需要更加深刻地挖掘传统"和"文化的精髓,维持社会的稳定,调和不断增加的社会矛盾和冲突。

2. 家庭和睦是社会安定、生活美好的重要体现

家庭是社会的基本单位,古人云"家和万事兴",体现的便是"家和"的重要性。古人强调"家和"的重要性,就是认为如果一个人能让家庭和睦,那么他就能够应对社会上的各种复杂的关系,促进社会的和谐,不会成为社会上不和谐的因素,而美好生活正是以和谐之家为基础。在新时代的今天,"家和"依然是人们要达到的状态,是和谐社会发展的基础和前提,更是社会和谐与否的重要体现。个人的"小家"好了,社会、国家的"大家"才能好。

我国传统"和"文化中历来重视血缘之和,在我国古代,血缘宗亲、家族礼法是社会管理的重要手段,而在当今社会,家族礼法虽然弱化,但是人们对于家族血亲还是较为重视的,都希望拥有一个和谐美满的家庭,这对社会的和谐稳定发展非常有利,是社会稳定、生活美好的重要体现。

3. 德治与法治相结合是社会秩序稳定的有力保障

德治是传统"和"文化的重要体现,我国传统"和"文化注重礼乐之和,强调伦理道德的重要性,通过教化、熏陶来引导人们遵守社会规范,是比较怀柔的社会治理方法。在新时代的今天,强调依法治国,但是单纯依靠法治是不行的,很多社会管理的细节,无法用法律来一一规范,法律制度是人们行为准则的底线,更高程度的社会道德,就需要传统"和"文化中的德治来进行规范与衡量。在法律所不及的地方,就需要伦理道德来规范。

将德治与法治相结合,展现了传统"和"文化在新时代的魅力与价值。"德治"是通过道德的规范和约束,建立一个和谐有序的社会,约束力相对较弱,属于柔性之策,而"法治"则是通过强制性的制度约束,约束力较强,属于刚性之策,将二者有机结合起来,刚柔并济,相互补充,体现了传统"和"智慧,同时也展现了传统"和"文化强大的包容性,为建立一个稳定的社会秩序提供了有力的保障。

(三)天人相"和"保护生态平衡

古人认为,人是大自然的产物,不能脱离大自然而存在,《淮南子·精神训》曰:"譬吾处于天下也,亦为一物矣。"认为我们都是处大自然之下,就像其他东西一样,也只是世间万物里的一分子。古人遵循"天人合一"的自然观,强调与自然的和谐相处,尊重自然规律,保护生态平衡。在此思想的指导下,出现了一种朴素的可持续发展思想的萌芽,

这与我们当代的可持续发展观一致，体现了传统"和"文化的当代魅力，更是古人智慧的体现。

在新时代的今天，人与自然和谐相处具有重大价值和意义，我们生活在大自然之中，顺应自然，保护自然，是我们的责任也是义务。

王符在《潜夫论·本训》中认为："天本诸阳，地本诸阴，人本中和。三才异务，相待而成，各循其道，和气乃臻，机衡乃平。"意思是人和天、地三者相辅相成，各行其道，和谐共处，天地万物得以平衡共存。人和天、地一样，都有维护自然万物平衡和谐的责任，不可推卸也不可避免，这与新时代生态保护的责任相契合，体现了传统"和"文化在生态保护方面的重要价值。

（四）国国相"和"共建地球家园

随着全球化程度的不断加深，任何一个国家、地区都无法置身事外，各国之间的交集也愈加密切，这就要求转变国家的交往模式，冷战思维已经无法满足现代的国际交流，而我国的"和"文化便为世界向何处去指明了发展方向，展现出我国传统"和"文化的巨大魅力。尽管目前国际局势总体稳定，但依旧存在冲突与矛盾，仍有不和谐的因素存在。

董仲舒曾说过，天地之道，虽有分歧，但必须回归。他认为，自然宇宙的正常状态是"和谐"，即使有不和谐的因素，那也只是暂时的，终究会回归"和"的状态。古人倡导"协和万邦""和为贵"的思想，用来处理民族和国家关系的问题，在新时代的今天也仍然适用。

习近平总书记提出了构建人类命运共同体，以伙伴关系取代国家联盟，倡导各国以和平、合作、共赢的方式沟通国际政治经济，构建新型国际政治、经济、安全新格局，用"双赢"代替零和博弈，表现了传统"和"魅力。中国的发展不是独自发展，是促进世界的共同发展，并做出了很多重大措施益于周边：一是正确义利观的树立，彰显了我国负责任的大国形象；二是亚投行的建立，为亚洲发展中国家带去了发展的希望，提供了经济支持；三是亚洲安全新规的提出，为亚洲各国的安全提供了保障；四是"一带一路"倡议，带动了沿线国家的共同发展。这一系列的举措充分展现了传统"和"文化姿态，为促进世界经济发展、各国互利共赢做出了巨大贡献。

第五节 新媒体时代中国传统文化传播

在我国经济建设新形势下，互联网成了推动社会发展的重要驱动力，以信息技术和互联网技术为支撑的新媒体也获得广泛应用，成了信息传播、学习工作和人际交往的重要方式，新媒体具有互动性强、传播范围广以及传播速度快等特点，可以消除不同文化背景、不同年龄段以及不同社会层次人们的边界，为传统文化的弘扬和传播提供了重要平台。我国作为世界文化大国，在五千年的民族发展中，积淀了优秀而丰富的传统文化，是民族振兴和国家发展的宝贵财富。在新媒体背景下，如何科学应用新媒体传播以及弘扬传统文化，成了当前我国需要研究的重要课题。

一、新媒体的特点

（一）欺骗性

信息技术和网络技术属于新兴事物，在 21 世纪逐渐兴起，并且对当代人们的工作、学习和生活产生了巨大影响，是推动社会发展的重要驱动力，但是新兴事物往往具备双面性，其在为人们提供便捷的同时，也埋下了一定的弊端，如一些不法分子利用信息技术传播虚假信息和谣言，由于传播成本较低，容易被有心之人加以利用，进而达到自己的目的，或者一些博主为了赢得更多粉丝的关注而夸大或者制造虚假信息，为社会稳定带来了负面影响。在新媒体时代下，这种案例屡见不鲜，如何杜绝这一现象已经成为社会性课题。

（二）娱乐性

随着我国改革开放政策的持续深入，社会经济获得快速发展，人们在物质生活获得极大满足的同时，对精神文化的需求不断增加。互联网资源较为丰富，人们通过新媒体可以快速获取想要的信息和资源。当前，更多的人选择使用新媒体进行消遣和娱乐，甚至一些年轻人将工作和学习之余的所有时间都用于沉浸网络中。随着新媒体用户的不断增加，衍生了大量的相关产业，如小视频创作、信息加工以及网络文学作品创作等，其在丰富人们精神生活的同时，也埋下了"娱乐过度"的隐患。例如大量的学生将学习时间用于网络中，不仅容易导致学生玩物丧志，同时新媒体中充斥的负面信息也会对其身心健康发育带来影响。

（三）开放性

开放性是互联网的重要特点，虽然我国已经实行网络实名制，但是在网络虚拟环境下，每个人都有自由制造、发布和分享信息的权利。在新媒体各种高度开放、自由的平台下，任何信息都能够以飞快的速度传播和共享。新媒体所具备的开放性是一把双刃剑，其代表着包容和进步，可以为用户提供便捷的服务，足不出户就能够掌握天下事，但开放性也容易滋生各种网络暴力，为用户安全和社会稳定埋下隐患，因此，只有正确利用新媒体的开放性，才能充分体现其应用价值。

二、新媒体时代中国传统文化传播面临的挑战

（一）传播呈现不平衡

新媒体以信息技术和互联网技术为支撑，信息传播的范围和速度与地域网络基础设施建设质量具有密切关系。由于我国国土辽阔，各个地区的经济发展情况存在很大差异，网

络基础设施建设也各不相同，如在一些偏远山区，其网络设施较为落后，人们无法利用新媒体接收传统文化信息，导致传统文化传播呈现出不平衡性；同时，一些不愿意接受新鲜事物的人或者老年人，也不能利用新媒体接收传统文化，不能快速地消化和感受传统文化的内涵，也为文化传播带来了一定的阻碍和制约。

（二）人文传播严重缺失

传统文化不仅仅是一种文化形式，其中更是蕴含了我国数千年发展中所凝聚的人文思想和人文情怀，其对当代人民的行为意识和价值理念具有巨大影响，但是当前，以新媒体为途径进行传统文化传播中，更加重视文字传播，而忽视了人文传播的作用，缺乏思想和文化层面的沟通，且不利于优秀传统文化的继承与发扬。

（三）新媒体文化的冲击

新媒体作为一种新兴技术，具有较强的娱乐性，这一属性与传统文化的严肃性形成了鲜明对比。当前，一些传播者为了赢得受众关注，在传播传统文化中融入了大量的娱乐成分，不仅扭曲和误解了传统文化的真实含义，同时也不利于文化传承，难以发挥传统文化的育人价值。

三、新媒体时代下中国传统文化传播的优化策略

（一）加强传统文化保护

传统文化是中华民族在五千年的历史长河中逐渐演变、发展和积累的优秀文化传统，其对国民的价值理念、行为意识和理想信念具有直接影响，是国家发展和民族振兴的重要支撑。随着我国改革开放的持续深化，西方文化大量涌入我国，给传统文化带来了一定的冲击和影响，新媒体技术的盛行，为传统文化保护提供了重要契机。首先，在新媒体语境下，要重视传统文化的传播与发扬，提炼传统文化中的内涵和精髓，与社会发展充分结合，进而保证传统文化的生命力和时代性；其次，传统文化属于一个文化整体，如果在传播过程中断章取义，容易对人们造成误导，在保护传统文化中，要避免一些人利用娱乐手段进行传播，严肃杜绝对历史文化的二次演绎和过度改变，保证传统文化的严肃性；最后，相关技术部门要加强技术审查，尤其针对影响范围较大的新媒体平台，通过自查式把关，保证传统文化信息资源的正确性。

（二）打造传统文化品牌

随着全球经济逐渐实现一体化，各个民族的文化交流更加频繁，想要在世界民族之林屹立不倒，则需要突出传统文化的重要性，以传统文化为支撑打造属于民族的文化品牌，这是让传统文化走出国门的重要举措。新媒体具有传播速度、信息量大等优势，在人们生活和学习中获得广泛应用，在打造传统文化品牌中，要充分利用新媒体的传播优势，帮助

广大人民和外国友人加深对民族文化的理解,在社会中为传统文化赢得话语权。

(三)发挥新兴技术优势

随着我国科学技术的蓬勃发展,各种新兴技术大量涌现和应用,新媒体也以其不断完善和丰富的功能,赢得了更多用户的青睐。以新媒体为载体传播和弘扬传统文化中,需要充分发挥新兴技术的优势,将传统文化和现代科技充分结合,进而带给用户以不同的感受和体验,促使其加深对民族文化的记忆和理解,进而实现传统文化的良性发展。例如,当前较为流行的 VR 技术,其形式新颖、体验感强,且受到了广大年轻群体的欢迎和喜爱,在传统文化传播中,可以将历史文物、历史故事或者历史事件制作成 VR 视频,以动态的形式呈现给受众,不仅能够让年轻人深刻体会当时的氛围和环境,还能够加深对传统文化的理解。互联网具有较强的虚拟性,作为一名文化传播者,需要有效平衡网络的新和历史的旧,肩负历史责任感和社会使命感,以新兴技术作为传播传统文化的重要载体。

(四)扩宽丰富传播渠道

传统文化作为我国社会发展的宝贵财富,其对国民综合素质的提升具有重要价值和积极意义,但是以往的传播渠道较为单一和陈旧,以社会教育和学校教育为主,没有将其渗透到社会的各个层面,导致传统文化难以发挥其价值,新媒体为传统文化传播提供了重要渠道,其扩宽和丰富传播渠道的关键阵地。首先,各个新媒体平台要充分迎合当代受众的精神需求和文化品位,积极打造特色鲜明的传统文化节目,定期为受众推送传统文化内容,不断提升信息品质,扩大传统文化在社会的辐射范围;其次,随着智能手机的快速发展,我国已进入 5G 时代,手机已经成为人们日常生活的重要物品,在传播传统文化时,要结合新媒体时代碎片化的特点,通过优秀资源整合向受众传递传统文化,促使受众可以充分利用空闲时间开展碎片阅读,完成文化的吸取和素质的提升。

总而言之,在我国经济发展新形势下,人们对精神文化的需求量持续增加,传统文化作为我国社会发展的宝贵财富,是民族振兴的重要基石,新媒体的盛行为传统文化的传播提供一定的挑战和机遇,相关人员需要充分利用新媒体,将其作为传播和弘扬传统文化的重要途径,扩大在社会中的影响力,实现传统文化更好的发展与传承。

第六节 新时代大学生传统礼仪文化

党的十九大明确指出中国特色社会主义进入新时代,作为新时代中国特色社会主义事业的建设者和接班人,青年大学生站在中华民族的新起点。新时代大学生,需担负起实现中华民族伟大复兴的中国梦的历史重任,新时代高校培养新时代大学生,必须以"立德树人"为中心环节,培养新时代大学生德智体美全面发展,这就赋予了高校德育的重要性。

新时代高校德育工作要坚持以文化自信为价值导向，其源泉在于中华优秀传统文化，而中华优秀传统文化以"礼"为核心。利用礼仪教育，让新时代大学生全方面地了解中华民族的传统文化，并能"内化于心，外化于行"，可见新时代大学生传统礼仪文化现在在高校"立德树人"中显得极其重要。

一、新时代大学生传统礼仪文化观的意义

中国传统礼仪自古以来一直是约束民众行为的一个基本原则，经过几千年的不断传承和发展，礼仪不仅仅是人们的行为准则，同时也是统治者治理国家的方法和手段，更是深深烙印在中华民族灵魂深处的重要思想。它是中华文化的重要组成部分，知礼守礼一直被认为是具有良好品德的重要表现形式。司马光在《资治通鉴》中提到"才者，德之资也；德者，才之帅也"，强调人无德不立，培养新时代大学生的传统礼仪文化观，对新时代大学教育要以德为先，对于培养大学生树立良好德也具有重要意义。

第一，中华传统礼仪文化的重要价值。中国自古以来就有"礼仪之邦"的美誉，中华传统文化史其实就是一部礼仪文化史。重礼仪，是中华民族自古以来的独特风貌。"中国有礼仪之大，故称夏；有服章之美，谓之华"，华夏之名由此而生，可见礼仪是华夏民族最重要的标签。近代文化学者钱穆先生认为，礼仪是中华传统文化的最本质特征。礼仪不仅是规范个人行为，能够区别贵贱，排序尊卑，调节人与人、人与社会、人与自然之间的关系，还是统治者治理国家的重要手段。

"礼"自古就有治理国家，安定社会的重要功能，是社会文明秩序和公民道德修养的重要内容。荀子曰："国之命在礼""国无礼则不宁"。荀子认为礼是法律的根本，制定法律必须以礼为依据，提出治理国家要隆礼重法。从中华民族几千年治国理政的历史来看，礼治和法治一直相辅相成，共同起到经国家、定社稷的作用。新时代党中央提出全面以法治国，礼法治国应是题中应有之义，在强调依法治国的同时也强调构建和谐社会，弘扬社会主义核心价值观，提高国民文明素养。

"礼"具有协调促进人与人、人与社会、人与自然和谐共生，在构建和谐社会，建设生态文明中起着重要作用。"礼尚往来。往而不来，非礼也；来而不往，亦非礼也""老吾老以及人之老，幼吾幼以及人之幼"。可见自古礼仪就是调整人与人、人与社会关系的重要准则。儒家思想强调的"天人合一"，道家《老子》则说"道生一，一生二，二生三，三生万物"，均是在说万物本为一体。孟子云"亲亲而仁民，仁民而爱物"，庄子曰"以道观之，物无贵贱"，提出人不仅爱人，也要爱物，即热爱自然，仁爱也是传统礼仪文化的核心。可见新时代构建和谐社会，建设生态文明均可在中华传统礼仪文化中找到基本遵循。

近代以来，随着清政府统治的没落和西方诸国的日渐强大，在西方列强坚船利炮和崇尚自由、个性西方文化的冲击下，中华传统文化遭遇前所未有的挑战。中华传统文化被认

定为封建文化，被认定为是中华民族遭遇苦难的最大元凶，被国人弃如敝屣。作为中华传统文化核心的礼仪文化，更是被拉下神坛，被认为是封建礼教，为国人所唾弃。在救亡图存的历史时刻，有学者提出要摒弃传统文化，全盘西方化，在特殊时期更是出现了子告父、生告师等有悖传统伦理的事件，中华传统文化遭遇灭顶之灾，有学者曾感叹，不曾见过哪个民族像中华民族如此厌恶自己的传统文化。改革开放以来，中国经济社会得到了前所未有的发展，成就世界瞩目。在追求物质生活的同时却忽视了对文明素养的培养，国人已经不是吃穿不愁，而是吃得健康、穿得精致、住得舒适。汽车、智能家电已成为生活必需品，出国旅游成为时尚，但与之对应的是国人文化素养、道德素质的缺失，不讲文明、不讲公德的事情时有发生，常被媒体报道被各国批评。近些年来国人逐渐悔悟，逐渐认识到传统文化的重要性，尤其是党的十八大以来，党中央高度重视提升中国文化软实力。可见，中华传统文化不仅没有过时，而且是实现中华民族伟大复兴的重要源泉，作为中华传统文化的核心，传统礼仪文化的价值需要进一步挖掘和运用。

第二，培育传统礼仪文化观是涵养社会主义核心价值观的重要源泉。党的十八大首次明确提出积极培育和践行以"富强、民主、文明、和谐；自由、平等、公正、法治；爱国、敬业、诚信、友善"为基本内容的社会主义核心价值观。社会主义核心价值观从国家、社会、个人三个层面分别对建设中国特色社会主义现代化国家，构建和谐社会和规范公民道德行为准则提出明确的努力方向，高度凝练的社会主义核心价值观是引领和指导社会主义建设的精神内涵。中华传统礼仪文化是中华优秀文化的重要核心，是中国自古以来核心价值观的生动体现，荀子曰："人无礼不生，事无礼则不成，国家无礼则不宁。"可见在古代，"礼"依然在人、社会、国家三个层面发挥了十分重要的作用，传统礼仪文化彰显出的仁爱、诚信、孝悌、忠义以及和合等思想，与社会主义核心价值观中倡导的"文明""平等""敬业"和"诚信"等内容高度契合。中华优秀传统文化的思想精华和道德精髓就存在于传统礼仪文化中，由此可见培育传统礼仪文化观是提升社会主义核心价值观的重要源泉。

第三，培育传统礼仪文化观是新时代大学生全面发展的重要前提。现代中国经济高速发展，人民的生活水平日益提高，但远远未达到人全面发展的程度，最缺少的就是道德文明，而且随着社会经济、人民生活水平的日益提高，道德缺失问题日益彰显出来。尤其令人担忧的是：作为祖国的未来，肩负实现中华民族伟大复兴历史重托的新时代青年大学生，道德品质的培养也是不尽如人意，小到随地吐痰，乱扔垃圾，满口荤话脏话，中到不关爱幼小、不尊敬师长、不孝敬父母，大到侮辱先贤英烈，崇洋媚外不爱党爱国等事件时有发生。实在令人痛心，发人深省。

党的十八大提出"把立德树人作为教育的根本任务，培养德智体美全面发展的社会主义建设者和接班人"。习近平总书记在全国教育大会讲话中再次强调："要把立德树人的成效作为检验学校一切工作的根本标准。"可见进入新时代，党和国家高度重视青年大学生的德育工作。德育工作则需要在中华传统礼仪文化中寻找根本遵循。孔子曰："不学礼，无以立。"人要想在社会立足必须学"礼"，一个人的品德如何，完全可以从他的言行举止中体现出来，一个处处懂礼守礼行礼之人，一定会品德高尚。行"礼"先要知"礼"，知"礼"就先要学"礼"。学好传统礼仪的基础是，大学生对传统礼仪文化价值的认同，培育传统礼仪文化观就显得非常重要。

二、新时代大学生传统礼仪文化观的内容

中华传统礼仪文化体现的不仅仅是人们的日常行为规范，更重要的是深藏其中的思想观念。猕猴、猩猩等动物也会模仿人的行为动作，但是不能说猕猴和猩猩也懂得礼仪，原因就在于它们徒有其形，不得其魂，这个"魂"就是礼仪所包含的内在思想观念。《礼记》中就提道："夫礼者，所以定亲疏，决嫌疑，别同异，明是非也。""君臣、上下、父子、兄弟，非礼不定。"足以体现传统礼仪文化中蕴含的思想观念。新时代大学生，肩负实现中华民族伟大复兴中国梦的历史重任，文明素养的提高已经迫在眉睫。新时代大学生文明素养如何提高，首先就应该培育其传统礼仪文化观，先学"礼"知"礼"，才会行"礼"，才能提高综合素质，进而全面发展，最终不负党和人民的重托。

第一，要培养新时代大学生的"敬"文化观。《礼记》开篇即提出"毋不敬"，足可见"敬"在传统礼仪文化中的地位，"敬"是中华传统礼仪文化的核心价值观念，中国古代社会最重要的礼仪是祭祀，"礼"也被认为起源于祭祀。拜天祭祖对象在现实世界中都不存在，所有的礼仪仪式如果没有"敬"就没有存在的必要。中华传统文化的许多价值观念都与"敬"密不可分。儒家中心思想中的"仁"，"仁"者爱人，如何爱人，古人认为，要先从父母长辈开始，也就是从"孝"开始，如何才能算孝顺，孔子的学生曾问过同样的问题，孔子则回答人们都觉得"能养"就是"孝"，那么犬马之类的畜生也"能养"，这是"孝"吗？孔子认为"孝"不仅是"能养"，最重要的是"敬"。所以对父母是"孝敬"，对师长是"尊敬"，对圣人和伟人则是"敬畏"，由此才能"老我老以及人之老"。学者刘梦溪认为"敬"，不是针对他人而言，而是指自我，是一个人内在性格的庄严，体现的是个体的自尊与自重。

要培育新时代大学生传统礼仪文化观首先就要培育"敬"的文化观，"敬"是传统礼仪文化的精神内核。目前，新时代大学生普遍缺乏"敬"，文明礼貌也就无从谈起。在家不敬父母，把父母的养育，当成是父母必须做的事，有着"生我就必须养我，我为何要孝敬父母"的思想。在校不敬师长，也有"我是花钱买知识，为何要尊敬老师，感恩学校"的思想。进入社会则不敬上级、不敬朋友同事，对待伟人先烈，民族国家则缺乏敬畏之心，导致出现一些诸如"精日"分子的现象。没有"敬"的价值观念，大学生普遍变得"知书不达礼"，这种观念严重不符合社会对新时代大学生的期望。

第二，要培养新时代大学生的"诚"文化观。《礼记·中庸》中讲"诚之者，人之道也"。把"诚"当成人性的根本，古人以"诚"为"质"，以"礼"为"文"，《论语》中提到"质胜文则野，文胜质则史。文质彬彬，然后君子"，"诚"和"礼"相得益彰才

能成就君子。《礼记·乐记》中则指出"著诚去伪，礼之经也"，真诚不虚伪，才是"礼"的精义所在，诚意正心才能修身。孔子也说可以有"无体之礼"，可以无行为上的"虚礼"，而要内心的"诚礼"，一个人有没有文明礼貌，不是看他礼仪行为上是否规范，而是是否心"诚"，显然"诚"是中华传统礼仪文化重要的内在价值观念。

近些年来，随着国人对传统文化的认识逐渐回归理性，越来越多的人开始穿汉服学古礼，对传统礼仪文化的继承和创新起到了积极的作用，但是也充斥着许多商业目的，多了许多噱头。大学校园同样如此，可以发现越来越多的大学生开始穿汉服行古礼，举办一些与学习传统文化知识的活动，但是大多数只得其形不得其神，主要问题就在于心不诚，把传承和创新传统礼仪文化当作一件事情或者工作，对传统礼仪文化的理解和运用十分机械和盲目，并没有从内心深处形成一种思想观念。最有朝气，最为社会期待的新时代青年大学生，同时也是继承和创新传统礼仪文化的主力军，培养传统礼仪文化观要从心"诚"开始。

第三，要培养新时代大学生的"义"文化观。何为"义"？大体上分为两种说法，一说同"仪"，即礼仪，是"礼"的本源；另一说同"宜"，即应该做的事情，符合道德的道理或行为，"义"是人性的价值标准，这种说法其实和"礼"也分不开，因为礼仪就是符合道德规范要求的思想和行为。西北大学张茂泽教授认为"从礼的起源可以见到礼的本质就是义，义表现为现实人们的言行活动规范以及社会关系准则，就是'礼'"。中华传统礼仪随中华民族几千年沉浮，一直是评价思想道德和行为高低优劣的重要标准，就因"礼"是以"义"作为本质价值标准，是"义"的一种表现形式。

三、新时代大学生传统礼仪文化观的培育途径

传统礼仪文化，是中华民族历经几千年的风雨凝练而成的，是中华民族的文明标志，是新时代增强文化自信的典范，同时也是提高国家文化软实力的重要前提。我们应该传承和创新传统礼仪文化，探索新时代大学生传统礼仪文化观的培育途径，将传统礼仪文化观的培育和践行，运用到新时代大学生文明礼貌和品德修养培养过程中。

第一，注重课程教育，打造传统礼仪文化教育的"金课"。守礼、行礼首先在于学礼、知礼，培育新时代大学生传统礼仪文化观，要从课堂教育、理论教育入手，打造传统礼仪文化教育"金课"。目前，许多高校开设有包括传统礼仪文化在内的中华传统文化教育课程。但是，这些课程大多都是选修课程、内容匮乏没有吸引力，也是老师和学生眼中"水课"，并未真正起到在高校学生当中传播中华传统文化的作用，并未让新时代大学生形成学习传统礼仪文化氛围、养成正确的传统礼仪文化观，未达到开设课程的预期效果。高校应该提高传统礼仪文化教育课程在学校课程教学体系中的地位，要将传统礼仪文化课程纳入通识必修课程当中，完善课程内容体系，编纂高质量教材，选配优质教师，创新课堂教学方法。

打造传统礼仪文化教育"金课"，要注重甄选古代经典著作，整合经典著作中关于礼仪文化的篇章，做好注译形成高质量教材；要从"新"出发，深挖传统礼仪文化中蕴含的

深层次价值理念，并同现代礼仪互相融合，使古典传统理念和现代实用思维相结合；注重将传统礼仪经典著作的内容进行创新和改造，迎合新时代大学生的学习思维和习惯，将厚重的理论通俗化、故事化；发掘新的教学内容和育人理念，创新课堂教学方法，利用大数据、"雨课堂"等新手段新技术，增强课堂教学吸引力，增加实践训练的教学内容，将课堂讲授与实际训练相结合，提高学生的课堂参与度，以此提高教学效果；要有新教育思路，对于不同年级、不同学科背景的学生要有不同的教育教学计划，可以从大学新生的入学教育开始，将传统礼仪文化教育纳入新生入学的教育当中，从低年级进行传统礼仪文化理论教育，树立良好的传统礼仪文化观，高年级侧重实践教育，将传统礼仪文化内化于心、外化于行，知行合一，让新时代大学生的传统礼仪文化教育真正发挥作用。

第二，利用"第二课堂"，开展传统礼仪文化实践活动。传统礼仪文化课堂教育，只是新时代大学生养成传统礼仪文化观的第一步，是基础理论教育；同时，还应开展传统礼仪文化实践活动，打造学习传统礼仪文化"第二课堂"，以配合传统礼仪文化的课堂教育。要营造校园文明环境，加强对传统礼仪文化的宣传力度，可以将一些古代经典语句、名人名言做成标语，可以将一些先进事迹做成海报进行宣传，运用好网络新媒体平台，在学校官方网站、微信公众号、微博等新媒体上开辟传统礼仪文化专栏，对传统礼仪文化基础知识、先进事迹等进行广泛宣传。要利用"第二课堂"自由灵活、多元开放的优势，将学生的课余时间利用起来，开展传统的礼仪文化相关活动，可以是讲座、知识竞赛、演讲、阅读交流和参观文化遗迹等多种形式。

第三，坚持"三全育人"体系，树牢新时代大学生传统礼仪文化观。以全员、全过程、全方位为主要内容的"三全育人"理念是高校开展大学生思想政治教育，坚持立德树人根本任务的指导原则。从开展新时代大学生传统礼仪文化观教育视域来看，就是要专业教师、辅导员和其他管理人员都积极参与大学生传统礼仪文化教育中，在课堂教学、实习实践教育和管理服务全方位，把传统礼仪文化观思想融会贯穿新时代大学生教育的全过程。

高校管理者应将培育大学生传统礼仪文化观纳入学校的"三全育人"顶层设计中，围绕立德树人的根本任务，努力与高校思想政治教育教学融合，构建传统礼仪文化教育教学体系，提高传统礼仪文化相关课程的地位，要结合不同年级不同专业学生的思想特点和接受能力，合理布局传统礼仪文化相关课程；要全面提升高校教师传统礼仪文化素养，这也是师德建设的重要方面，教师的言传身教是提升大学生传统礼仪文化观的有效方式，高校应加强教师传统礼仪文化思想的学习和实践，把教师的学礼、知礼、行礼和守礼作为教师师德师风考核的重要部分，每年可以评选一些模范教师，进行表彰宣传，成为大学生学习的标杆；要努力营造良好的传统礼仪文化学习氛围，制定大学生的礼仪标准，建立有较强约束力的奖惩办法，开展学习传统礼仪文化实践活动。将新时代大学生传统礼仪文化观培育纳入"三全育人"体系中，让新时代大学生在积极良好的传统礼仪文化学习氛围中成长为一名高素质人才。

传统礼仪文化是中华传统文化的核心组成部分，新时代大学生肩负着中华民族伟大复兴的历史重任，理应传承和创新中华传统礼仪文化，以此形成良好的中华传统礼仪文化观，作为自身德智体美劳全面发展的标杆。高校应将培育新时代大学生传统礼仪文化观作为一项战略性工作，探索新时代大学生传统礼仪文化观的培育途径，让其充分融入高校思想政治教育中，从而使高校立德树人的根本任务得到充分发挥。

第七节　新时代传统文化教育对高校学生发展的影响

新时代的各种文化，是多种思想的相互融合和碰撞，这种发展形势下，作为教育工作者，要清楚认识到当前状况。当前一批高校学生，在社会主义思想狂潮的冲击下，个人想法更加丰富，因此，只有加强对于传统文化的教育，才能让学生在思想发展的道路上能够寻根溯源，不会迷失方向；同时，加强对于新时代传统文化教育工作，直接关系着一个学生的未来发展情况，因此，实际教育工作中不可忽视其具有在重要性。

一、新时代传统文化教育是培养高校学生人文情怀的必要途径

中国传统文化从整体而言，人文精神可以称之为其发展中最具鲜明的特征。相关资料记载，人是万物之灵，而最贵是思想。儒家学者认为，仁者、爱人是文化思想的最高境界。这种由儒家所推崇的传统文化思想，是强调人的感情因素，重视人在世界万物的主体地位，一切行动的主体是人，但是最后还是要归复到"仁"，其中的人文精神具有鲜明的文化和教育特性，强调的是人之间的感情和谐。中国传统文化中将个人道德情操提升放在首要位置，注重人伦理与艺术精神的培养，而这些思想的推崇点，在新时代的今天对高校学生的发展，仍有着积极的意义。人文教育的真谛在于，根植教育土壤提升人文情怀对于人性的关照。在传统教育之中对于人文这一概念早有阐述，虽未赋予其明确的定义，但是在文化传统中重视"人"这一核心，因此，当今传统文化的教育就是对人性的解读，将其渗透在教学中也是为了提升高校学生的认识，从认识自我，到认识世界，再迈向更为意韵深远的未来。前文中我们已经提到传统文化是人文的关怀，更是一种人性化的解读，所以每个人的认识就不尽相同。那么，如何去开始一段人文旅程，又该用怎样的态度去面对人文的探究呢？这些都是传统文化教育对于高校学生人文情怀的指引，促进高校教育与传统文化教育相结合的必要手段。

二、新时代传统文化教育有助于高校学生把握不同的人生境遇，提升生活层次

在传统文化思想发展历程中，对于中国人思想起着重要作用的儒家，在《论语》中，涉及多种不同层次的人生境界，儒家思想发展中，肯定人的本性，如《孟子·告之上》其中的论点"食色，性也"，认为人们对美食、美色的追求，是人生的一种思想境界。而作为道家思想，曾憎恨奴隶主阶级式的统治，提出了"见素报朴，少私寡欲"的论点，即作为一个人，需要恪守初心，控制住自身的原始贪欲，并能够有效抵制来自外界的各种利益诱惑，不能忘掉自身的追求。由此可见，这些传统文化思想观念，不仅在当时有着重要作用，而在新时代仍是人们普遍尊崇的观点，对于时代的高校热血青年，更需要从中认识到这些传统文化教育观念的重要性，在传统优秀论点的基础上，努力树立起正确的人生观、世界观，在社会中实现个人的价值。生存的智慧来源于睿智的头脑和丰富的境遇，头脑需要知识的充盈，但阅历需要时间的堆砌，对于学生而言，所谓的眼界和心胸是有所匮乏的，正如前人走过的路，只有自行体会才能感受到其中的蕴意。教学就是将知识传授给学生的过程，其特点就是知识的系统性，教学内容和学生中间总会隔着一层非本人获得的遗憾，但是这也是教育在时间和心理上的人性化体现。为了让高校教育对学生的未来产生有效的指导，就必然要在人生选择、生活态度、未来发展上下功夫。传统文化是民族的精髓，经过历代人的遴选和加工变得更加完善。在高校教育中有意识地传授祖辈的经验和文化是一种趋势，也是文化的传承，吸取文化智慧，才能让学生变得更加睿智，才能遵从本心对未来有更好的估量与选择。

三、新时代传统文化教育有助于学生理想人格的完善

儒家思想重礼教，其观点认为礼能够维持社会的良好发展秩序，在现实生活中，发挥着不可取代的作用。对社会中的人类行为与社会关系，都可以用礼来制约。在孔子思想中，理想的个人品格精神是"中和"，即树立的个人人格，要符合礼的典范。儒家文化中"礼"的文化特点，对于中国传统社会人际交往关系，起到了巨大的推动作用，得到了当时及现代人的广泛认可，对于人格的修缮，也起到了巨大的引领作用。中国传统文化教育对于新时代高校学生而言，可以培养起独立自主、自强不息的奋斗精神。作为新时代的高校学生，应该积极弘扬我国优秀的文化传统，并让其发扬光大；同时，高校学生在学习传统文化教育基础上，可以汲取其中的文化精髓，培养自身自强不息的精神，并且在日常人际交往过程中，能够以礼待人，对于别人的承诺要做到言而有信。并且能够完善自身的思维架构，在待人接物中做到顾大局、识大体，摒除个人私心，行事过程中可以以集体和社会利益为重。此外，儒家思想中"杀身成仁""舍生取义""穷则独善其身，达者兼济天下"等价值理念，仍然与高校中学生的思想教育相符合，学生在学习过程中，仍不会背离当代社会价值观，而且从中可以认清古人思想的精髓，充分丰富个人思维活动。理想人格的高度在

于选择，更在于是否能够量力而为，符合自身的特点。所以从不同的角度来看，一个人的理想，首先应来自自身，其次也会受到社会环境的影响，比如某些成功的经验、家人的需求、同辈人的攀比……都让理想变得更为复杂。基于这样的认识，我们再一次明确探究传统文化的意义与价值。传统文化中对于理想的阐述，我们不再赘言，理想的高大全和矮低俗已经成为一种鲜明的对比，如何选择需要凭借内心，归根结底来说，就是价值观的不同导致选择与结果的不同。理想人格的形成在于影响与完善，对于高校学生来说理想人格的塑造就是成才的保障，为了借助传统文化中的优秀品质熏陶学生，就需要高校教育倾注心力投入教育。

四、新时代传统文化教育能够帮助学生进行健康情趣的培养

由于高校教育面临学业与社会的双重抉择，因此，实际学习中面临的压力相对较大。对于高校学生而言，虽然大学生的身份可以给自身带来一定的荣誉感，但是，马上会面临一个毕业、择业问题。与早就业人员不同，基本进入社会之后没有任何社会经验，在学校内单纯的理论知识很难在社会实践中马上被认可，甚至有学生进入大二生活就开始变得悲观，甚至有逃避现实的打算，从而使学习和生活都受到了不同程度的影响。特别是对于一些学习成绩一般的学生，很难做到快速的调整，加之对于自身的实际情况认识不到位，很难脚踏实地地进行知识的系统学习，调整自身的情绪状态，而对于一些家庭条件相对较差的学生而言，往往会表现得更加孤僻、不能与同学进行有效的交流。虽然，经过长时间的调整，一部分学生对于这种情况会逐渐适应，但是面临残酷的现实，仍难免会出现不良情绪，并将这种情绪带入上日常学习中来，甚至可以对于自身未来发展方向产生怀疑。

中国传统文化中，蕴含着诸多人生哲理，如儒家的"一箪食，一瓢饮，在陋巷，人不堪其忧，回也不改其乐""知者乐水，仁者乐山，知者动，仁者静，知者乐，仁者寿"等，这些传统文化论点，对新时代大学生树立正确的人生观有着重要影响；同时，高校学生通过对传统经典文化的学习，能够对未来的人生规划打好基础，增加自身文化思想的厚度，对于学生未来的发展起着积极的引导作用。尤其在成长、工作中难免会遇到困难，不同的心智与选择会导致不同的结果，高校教育中的传统文化教学是一种必然的选择。传统文化的价值不仅在于其自身具有的教育意义，同时它更是一种象征，一种典型的借鉴，历史为我们树立了不同的典范，从这些人、这些事上，我们总会寻求到满足自身需要的条件，这对于我们来说是一种帮助，同时也可以给高校学生提供更好的借鉴，让传统文化在新一代人身上发挥重要的价值。虽然当今社会有很多反对传统文化的声音，但是这只是闭目塞听、盲目崇拜科技的表现，没有在现实中感知传统文化的意义与价值。只要我们从更加深远的角度去看待传统文化教育的意义，就会在生活和学习中感受传统文化的魅力，以及传统文化教育在塑造学生健康情趣上的作用。

五、新时代传统文化教育有助于学生民族精神的培养

中国具有悠久的文化历史，中国上下有五千年的历史，拥有着令世界瞩目的文化积淀。我国传统文化凝聚着我国古人的伟大智慧，也体现出了为了国家的发展而顽强的拼搏精神。特别在国家危难、经济滞后时期，一批爱国志士表现出的百折不挠的优秀民族品质，至今仍是我辈学习的典范。如"先天下之忧而忧、后天下之乐而乐"的伟大政治抱负，"富贵不能淫、贫贱不能移、威武不能屈""士可杀不可辱""杀身取义"等思想精髓，共同铸就我国文化思想的精神，也是我国传统文化的脊梁。

中国传统文化崇德修身，对于个人道德品格有着极为严格的要求。其中修养自身的个人品格，不仅仅体现在理论基础上，而且要求付诸实际行动。古代教育思想，厚重而广博，具有很强的人文哲理性。并且其中蕴含的道德哲理，直接规范着人们的日常思想与行为。

所谓"仁者万物合体""大者以天地万物为一体也""仁者爱人"等，都是传统文化教育中，所推崇的最高思想境界。孔子思想中，崇尚为人者当尽"孝悌"之道及"忠信之礼"。这些思想表明了人与人交往中，应该遵从的原则，以及做人应该遵守的道德规范，这些教育思想，在今天的高校教育中仍然实用。在当今的时代发展之中，我们可以清晰地看到传统文化对于个人与社会发展的积极影响。在高校教育之中我们强调知识的传播、人格的塑造和优秀文化的传承，值得我们重视的却是蕴含在其中的高等教育对于爱国主义教育的重视。爱自己的国家是所有情感的前提，也是考量一个人品格的依托，但是面对高速的发展，我们具备了越来越多了解外国的途径，同时也产生了很多走出去的机会，有些人开始产生了崇洋媚外的心理，甚至觉得外国的生活才是自身向往的未来，这些都给时代的发展带来了隐患。高校学生是社会发展、祖国建设的主力军，只有他们从内心深处爱自己的国家和民族，才能够全身心地投入祖国的建设之中，避免人才的流逝，以及人力资源的最大化应用。传统文化的价值就是体现在它对后人的影响，它用自身的魅力诠释着文化的价值，以及中国传统的精髓所在，这让高校学生在震撼于灿烂文化的同时，明确应该肩负的使命，促进自身责任感的萌生，让未来发展的动力更将充沛。

中国传统文化中，不仅蕴含着丰富的人生哲理，而且具备各种明辨是非的思想。中国传统文化中，推崇先义后利，以义作为首要行事原则。并且，传统文化中特别忌讳一些见利忘义的行为，认为社会是一个统一的整体，个人只是整个社会中一分子，倡导个人的行为要重大局、识大体。同时提倡"以公灭私""国而忘家"及"公而忘私"。将天下为己任，作为自身的伟大政治理想，要求个人利益必须要符合国家利益等，这些传统文化思想都与新时代的社会价值观大致相同，所以，传统文化在现实中的价值自然得以体现，关键在于我们如何利用传统文化提升高校教育的质量与水平，让更多的教师与学生从中受益，由此可见，新时代的传统文化教育仍可被广泛适用。

新时代传统文化教育在高校学生的教学中，不仅能潜移默化地增加学生对传统优秀文

化精髓的学习,而且能够充分拓展自身的思维模式。传统文化中一些优秀的思想,能够对学生未来的发展,起到示范作用,切实深入每个学生的灵魂深处,让其成为一名合格的社会主义事业的接班人,让我们的传统文化精神发扬光大。作为传统文化的传承与发展,是一个艰辛、曲折的过程,需要每个高校的热血青年,勇于担负起传统文化的责任,在学习传统文化精髓的同时,也要善于将其运用于社会实践,在发挥其社会价值的同时,让其源远流长继续传承下去。

第二章 新时代大学生思想政治教育模式

第一节 当前大学生思想政治教育模式现状及其原因

当前大学生思想政治教育是党和国家高度重视的,而具体教育效果也与相关的方式途径有很大关联,本节从大学生思想政治教育的模式、特点出发分析其存在问题和原因,力求能为日后发展贡献微薄之力。

一、当前主要的大学生思想政治教育模式

改革开放40多年来,党中央高度重视大学生的思想政治教育,陆续颁布过关于大学生思想政治教育的一系列重要的部署和文件,加强对大学生思想政治教育的主阵地和主渠道的建设,为大学生的思想政治教育工作的稳步推进提供了政策保障。关于大学生思想政治教育的模式,当前我国各高校中存在着不同的模式。比如,现阶段,最主要的一种模式就是高校在新生入学后开设思想政治理论公共课,老师讲解,几百人一起上课;还有我们过去提到的"四位一体"的思想政治教育模式,但这个模式在很多地方并未实现;在经济全球化的背景下又有学者提出了网络思想政治教育模式,但也由于种种原因在很多地区并没有起到较明显的效果。

每一个模式都有其自己的基本特征,大学生思想政治教育模式作为其分支,其特征主要有以下几点:第一,具有理论与实践科学统一的双重性。大学生思想政治教育的模式不是一些简单的案例的叠加,也不是一些理论的描述,而是介于理论与实践之间的一种体系,从这个角度来说它具有双重性。与单纯的理论相比,它比较倾向于实践性,是一种具有可操作性的理论体系。第二,与时俱进的快速发展性。任何一种模式都需要变化发展的,这一点对于大学生思想政治教育模式本身来说尤为明显,这种模式需要结合国家的政策和社会经济发展的实际状况,根据国内外最新形势的变化,考虑到高校学生、教师、家庭等多个主体动态调整等因素,第一时间做出及时地更新与发展,以适应不断变化的现实条件。

二、大学生思想政治教育模式存在的主要问题

目前我们高校思想政治教育模式中存在的问题比较多,如"四位一体"的教育格局并

未形成，教学互动仅仅停留在理论层面，评估反馈的效果不理想，激励总结机制未能实现，监督机制不完善等。

第一，高校、家庭、社会与大众传媒"四位一体"的格局没有形成，未能形成有效地互动。首先，高校的教育不能符合家庭的期望，四年间的培养基本脱离了家庭的参与，没有定期的交流沟通，难以形成学校和家庭之间的合力。其次，高校的思想政治教育跟不上社会的脚步，往往只有在学生到了毕业之际，发现难以契合社会需求才意识到这个问题的严重性。最后，高校的教育并未有效参考学生自身的意见和发展规划，而实行"整齐划一"的教育模式从而进行人才的培养，但是这种人才的培养方式是不是学生真正想要的，这也是一个问题。

第二，高校现在实行的教育教学机制，在互动方面仍然显得落后，师生之间或者学生之间缺乏有效互动，教学模式也很单一。

第三，思想政治教育工作的评估反馈机制不完善，对教育者与受教育者的评估不及时，反馈效果差。受教育者的评估结果最能直接代表学生的心声，它是改进教学质量的重要途径，而高校没有根据这些评估结果对教学内容和体制进行及时的改变。

第四，仅仅注重理论知识的考查而忽略大学生的社会实践教育，导致很多大学生仅仅考试的时候才看书复习，当时具有一定的效果，但从长远来说效果并不好，大学生没有将所学到的理论和实践知识内化为自己本身意识形态的东西，更无法实现外化。

三、大学生思想政治教育模式存在问题的原因分析

马克思说过，世间万物都处于相互联系之中，某种现象的出现必有其他的对应现象与之相关联，某种现象的产生必有相应的现象是其促生缘由，因此在大学生马克思主义教育方面出现问题也有其相应的原因存在。

大学生自身的原因。大部分大学生处于青春期，思想也处在一个从不成熟走向成熟的关键时期，其思想品德认识、情感、信念、意志还没有充分发展，在认知上存在混乱倾向，辨别能力差，容易被不良社会思想所迷惑。特别是对比西方优越的生活条件与我国社会主义初级阶段的实际状况，不免会有一种心理落差，导致其盲目追逐西方一些错误的思潮，而否定马克思主义的理想信念；另外，大学生没有将马克思主义的基本理论和观点融会贯通，只懂得一些枯燥乏味的抽象概念，不懂得在实践中加以理解运用。

学校体制方面的原因。学校是对学生进行马克思主义教育的主要场所，但目前我国高校在思想政治教育工作方面存在一些弊端。第一，教育方法一如既往地沿用传统教育方法，忽视"启发式"教育，学生在此过程中只是被动接受枯燥的马克思主义理论知识，而缺少学习反馈和实践的过程，这就使得学生容易产生厌恶反感情绪，不利于马克思主义大众化的开展；第二，高校中宣传普及马克思主义大众化的师资力量不够强大，对马克思主义大众化缺乏专门的培训和专题讲座，缺少宣传马克思主义大众化的理论和思想阵地，没有在

校园中形成一种浓厚的马克思主义学习氛围；第三，缺乏马克思主义的读物，高校图书馆中有关马克思主义方面的书籍所占比例不多，甚至马克思、恩格斯等人生平事迹方面的书籍也极为匮乏。学生对这方面的知识了解不多，进而也就无法促进马克思主义大众化的普及。

家庭、社会方面的原因。对于大学生的思想政治教育不只学校和大学生本人有责任，家庭和社会也有责任，家庭是每个人的第一所学校，父母是第一任老师，每个家庭的意识形态和价值取向对孩子的影响都特别大，因而家庭有必要对孩子的思想意识形态进行教育和影响，但当前很多家庭只管孩子的物质方面却不顾及精神需要的满足，因而导致学生的基本思想意识的缺乏；同时，社会也对大学生的思想政治教育负有责任，我们每一位大学生都是生活在社会中的，但当前社会又存在太多的假恶丑现象，对大学生的思想政治都是一种冲击，不知不觉就会导致大学生的基本思想政治观念观点存在诸多问题。

第二节 中外大学生思想政治教育模式对比

中外思想政治教育对比研究可以从社会层面、学校层面、教师教学层面给我国高校思想政治教育工作的开展带来启示和思考。我国高校大学生的思想政治教育工作可以借鉴国外的教育模式，从立足"学生本位，发挥学生主体地位"和促进"思政教育方式的多样化，加强隐性渗透式教育"等启示性措施中，提高学生对思想政治教育的接受程度，潜移默化地增强学生的思想政治素养。

一、对比研究的意义

（一）社会层面的意义

从社会层面来说，对比研究所获得的成果可以重新让社会认识思想政治教育的真正意义，提升思政教育的地位。不可否认，现阶段社会对于思政教育的认知仍然不够，大多数社会人士、家长、学生乃至一些任课教师，都认为思政教育是一门可有可无的课程，不会对学生起到决定性的影响。分析国外优秀的思政教育案例，可以给我国的思想政治教育方针、教育决策提供一定的参考。

（二）学校层面的意义

从学校层面而言，学习、借鉴国外思政教育的精髓，结合学校实际情况完善教学工作，既可以加强思政教育队伍的建设，提升思政教师的业务素质，又可以优化校园思政氛围，有利于校园文化建设，从而保证大学生的健康成长。

（三）教师教学层面的意义

从教师教学层面来说，研读国外的优秀思政案例、思政精髓书籍，不仅可以拓宽思政教育者的眼界，增强其理论涵养，还可以探索出富有创造性的思政教育模式，提高教师个人业务素质能力。

综上所述，对比中外思政教育的情况，吸取经验，有利于进一步发现我国高校现阶段思政教育存在的问题，从而找出解决问题的有效途径。展开中外大学生思想政治教育模式的对比研究，是我国各大高校建设思想政治教育学科过程中必不可少的环节，同时对于指导高校思政教育的实际工作有重要的意义。

二、教育模式对比

（一）英国的教育模式

英国的高校思想政治教育与我国不同，他们更多采取间接、多元化的方式去传播思想政治知识。比如，莱斯特大学没有专门的思想政治教育这类课程，学校将思想政治教育渗透在平时的社交活动中，通过暗示与潜移默化的方法让学生接受思政教育，如通过社团出游感受团队互帮互助的重要性等。

（二）美国的教育模式

美国并未开设单独的思政课程，而是通过举办各类文体娱乐活动或者社会实践的"隐性课程"，让学生在活动中学习相关的知识。在美国，渗透式教育法被普遍运用，在每一个专业、行业的学习中，教师都会引导学生思考关于伦理、道德的问题，比如，"你所学的专业和未来准备从事的行业，它的历史、传统、涉及的社会问题和经济问题你是否了解"。可以说，美国的思想政治教育完全融入了专业课程，能让大学生在专业学习的过程中对思想政治有更为深刻的认识；同时，美国的思政教育特别注重隐性模式，这种模式不是通过灌输的授课方式形式地输入到学生的头脑中，而是开拓课堂之外的二次学习，通过鼓励和引导学生在课堂之外感受校园文化、参加社会服务、参加公益劳动等，让大学生主动地学习和感受思想政治教育。

当然，西方众多高校存在流血冲突不断、暴力事件频发、学生吸毒陡增、两性关系混乱等诸多难以解决的问题，这些也暴露了西方高校思想政治教育模式的不足，这给我们借鉴的同时，也给了我们警醒。

（三）中国的教育模式

我国强调社会本位，也尊重学生个性发展，但是，思政辅导员的事务性工作过于繁重，导致他们对学生的创新思维无暇顾及，这是我国思想政治教育模式普遍存在的问题。

传统模式是我国各大高校开展思想政治教育时所采用的手段，这种模式单纯以讲、教为主，进行大量理论知识的传授，导致学生在课堂上不主动参与教学过程，学生低头玩手机或看其他科目甚至睡觉，这已成为普遍现象。临近期末考试，学生会采取题海战术，企图靠不断刷题、背题通过考试，并没有将思想政治教育想要传达的理念牢牢印刻在心里，背完就考、考完就忘，而思想政治教育实际上是一门涵盖多学科的、科学的、可持续发展的并且能指导人们形成正确思想的学科，生活、学习、工作的方方面面都与它有着密切的关系。因此，在大学校园里，除了开设专门的思政课以外，还应该在专业课堂、社团活动、社会实践等方面紧密结合思政潮流，采取因材施教、科学创新的方式，进一步提高大学生的思想政治水平，以培养出一批又一批高素质、高水平的国之栋梁。

三、对我国高校思政教育的启示

（一）"以学生为本"，发挥学生主体地位

外在的教育是否能对一个学生产生影响最根本的前提是他们能否接受。根据这一前提，高校的思想政治教育不能一意孤行，完全按照理论去实行，而是需要充分考虑学生的心理需求，依据学生的需要来计划、组织和实施教育活动，使学生能够自觉地接受思想政治教育。只有学生愿意自发地学习和接受，才能够在学习的过程中汲取思政教育的营养和精髓，提高自身的思政素养。不仅如此，思政教育还需要对大学生展开个性化教育，要充分尊重并且理解学生，采取引导和鼓励的方式，让每一个学生在尊重校园文化的同时也将自己的个性融入校园中。

（二）思政教育方式的多样化，加强隐性渗透式教育

我国高校思想政治教育主要采取"填鸭式"灌输教学法，在课堂上单方面输出给学生，没有针对实际情况进行灵活变通。高校的思想政治教育应走下课堂、走入生活，强化隐性教育，通过各类不同的文体活动培养学生对思想政治教育的主观能动性。同时，在专业教学中可融入思想政治教育，让学生潜移默化地接受。通过多元化教育，不仅可以提高学生的理论水平，还可以提升学生的实践能力。

第三节　优秀传统文化与大学生思想政治教育模式

21世纪的大学在注重自身规模发展的同时，更注重人才培养的质量。大学是学生"三观"形成的重要阶段，这个阶段大学生的可塑性很强，是其价值和思想形成的一个关键期。在这一关键期开展优秀的传统文化教育，夯实大学生的文化基础，对于大学生完善知识结构、树立远大理想、培养爱国主义和民族精神、提高心理预期都有着重要的作用。因此，在大学生思想政治教育中要注重把中华民族优秀传统文化融入大学生思想政治教育，探究融入途径和模式，不断提高教育效果。

一、营造良好的教育环境

创建具有优秀传统文化的校园环境是实施优秀传统文化教育的一项基础性工作。教育环境建设可以从以下两个方面入手：

有形环境建设。大学生的学习和生活环境对学生的思想政治教育起着直接的耳濡目染的作用。如寝室文化建设、教室环境建设、图书馆阅读氛围的创建、楼道文化建设等，都会对学生产生持久而直接的影响。通过校园内这些有形环境的建设，构建具有中华民族优秀传统文化建筑风格的校园人文景观，用名人名言、历史名人事迹鼓舞每一个大学生，学生受到中华民族优秀传统文化氛围的熏陶和影响是深厚的。

无形环境建设。一是教师对培养学生传统文化素质的影响与作用。思想政治课教师和辅导员在大学生思想政治教育中起决定性的作用。他们负有使命责任，对学生道德品质、行为修养和价值观等各方面都会起到潜移默化的直接影响。要对学生进行传统文化教育，教师必须有足够的传统文化知识，而且要身先士卒，为人师表，做学生的表率。二是通过网络环境建设对学生进行思想政治教育。信息技术环境下，高校网络环境建设在对学生进行思想政治教育方面有着非常重要的作用。网络已融入大学生学习生活的每一个方面，高校要重视构建网络平台建设，为有效实施优秀传统文化教育开辟途径。如开设传统文化教育校园网络平台，组建传统文化教育 QQ 群、微信群，开设班级传统文化教育专题博客、传统文化教育专题微信公众平台等不断扩大教育的辐射面，使传统文化教育时时刻刻融入学生的生活、学习中。

二、优秀传统文化融入课堂教学活动

教学活动的开展要结合学生实际。开设中华民族优秀传统文化校本课程，并纳入大学生专业课的课程设置中，把中华民族优秀传统文化教育与爱国主义教育、生活教育、个人修养等主题联系起来，与学生的生活、学习结合起来。中华优秀传统文化教育活动的设计要符合学生的年龄特点和生活实际，与学生的专业技能教育相结合，与学生的未来就业相结合，并在教育活动实践中不断创新方法、创新形式，提高教育效果。

教育活动的形式要多种多样。要采取灵活多样的、学生喜闻乐见的教学方式开展教育活动，对于诗经选读、道家哲学、佛学精粹等枯燥的内容采用专题讲座、知识竞赛、有奖竞猜的方式进行教学。要充分利用课外活动的时间，以第二课堂的形式组织开展传统文化书法比赛、唐诗宋词元曲名篇朗读比赛等，吸引对传统文化有浓厚兴趣的学生参与其中，这是实施中华传统文化教育、提高学生中华优秀传统文化素养的有效途径。

三、组织开展优秀传统文化主题教育活动

将优秀传统文化教育与区域民族特色相融合。组织开展优秀传统文化主题活动只有通过一定的载体，使活动形式更加丰富多彩，教育内容更加接近学生实际，才会收到较好的教学效果。因此，可以将中华民族优秀传统文化与区域民间特色文化活动相结合，如沧州的武术大赛、天津的曲艺节、山东的风筝节、山西的版画大赛等，将中华民族优秀传统文化教育赋予传统的色彩与时代的特色，使其在继承中不断创新形式，丰富教育内容。

将优秀传统文化教育与节日教育相融合。我国有着很多的传统节日，可以将优秀传统文化与节日相融合进行教育。例如，春节、元宵节举办民族大团结主题教育活动；清明节举办祭扫烈士墓活动，开展向爱国英雄学习的主题教育活动；五一开展热爱劳动教育主题活动；七一举办爱党爱新时代的主题教育；国庆节开展爱国主题教育活动；重阳节开展尊老爱老传统美德主题教育活动等。

第四节 互联网时代的大学生思想政治教育模式

改革开放以来，我国经济发展非常的迅速，科技也在不断地进步，21世纪，我们迎来了第三次科技革命，电脑开始进入寻常百姓家。"80、90后"的一代，是在互联网的陪伴下成长起来的，他们的生活、学习都离不开互联网络，所以，在这代人进入大学后，想要对他们进行思想政治教育，互联网是一个必不可少的载体与方式。

一、互联网时代的特点

第一，在线化。进入互联网时代，在无线已经基本覆盖的环境下，我们随时随地都能登录网络设备，所以大学生只要想获取什么信息，立刻就能得到，不必去图书馆查阅资料，非常方便。无论是学习、工作还是娱乐，互联网都成为这些活动最重要的载体，是大学生学习最重要的手段，但是在第三次科技革命之前，在经济基础和科学技术等因素的影响下，大学生想要获取信息的途径非常少，思想相对狭隘。

第二，大量的信息储备。互联网又具有典型的开放性特征，大学生在互联网中不仅可以看到国内的信息，还可以接收到国外的信息，具有典型的开放性。从优点来说，这帮助大学生培养了更广阔的思维，可以接触到国外优秀大学的学习资料，听到网上的公开课等等。但同时也有一定的风险，在接受国外优秀的文化的同时，我们还要警惕国外不好的文化。要防止国外对我们进行的文化渗透。对于高校的思想政治教育来说，大学生可以根据自己的意识从海量信息中筛选出自己需要的信息，有利于摆脱传统思想政治教育的灌输模式，进而提升大学生的自主学习意识；但同时，也会有一些不良信息进入大学生的视线，

如何引导大学生群体形成正确的世界观，学会辨别各种信息，是当前思想政治教育的重要任务之一。大学生的人生观还没有完全形成，所以，我们在互联网大量的信息储备功能能够帮助我们更好地学习之外，更要提高警惕。

第三，平等性。我们每个人在法律意义上都是平等的。每个人根据社会分工的不同扮演着不同的角色。但是，网络给了人们一种"虚拟角色"，在我们扮演虚拟角色的时候，与自己现实生活的角色剥离开来，可以自由地表达自己的观点和想法。这种特点使当代的大学生自我意识强烈，勇于自我表达。

二、互联网时代对思想政治教育模式的影响

思想政治教育包括三种要素：教育主体、教育客体、教育媒介，之前我国的传统社会一直都是以教育主体为主，教育方式以灌输为主。但是在当前社会，随着教育模式的改革，普遍倡导以教育客体为主，倡导自主学习。在当前的互联网时代下，使教育者和受教育者共同发挥作用的双主体说比较受到学术界的认可。换言之，老师作为教育的主体，要关注最新的教育动态及方向，发掘受教育者的主观能动性，使大学生能够主动参与到学习中，丰富课堂的形式，使大学生更加有兴趣，主动与老师同学探讨，形成一种民主、愉快的课堂氛围。

三、当前大学生思想政治教育模式存在的主要问题

（一）教育方法单一

21世纪以来，特别是互联网时代来临之后，无论是国内之间的信息交流还是与国外的交流都更加方便。在这一条件下，我国的教育模式进行了多次的改革，主要围绕在改变过去的灌输填鸭模式，让学生成为课堂的主体。在这一大环境下，思想政治教育课堂也大胆创新，提出了双主体说，但是现实情况却是大部分高校还是采取单一的灌输、说教的方式；同时，随着国内科学技术的发展，我国的大学生主要沟通方式不再是用书信沟通，而是微信等高科技手段，但是并不是所有的教师都能熟练地掌握这一技能并用于对学生进行思想政治教育，这样就造成了在思想政治教育中，教育方式仍然以课堂教学为主，教育方式单一、僵化，收效甚微。

（二）重视程度不高

思想政治课程是每个大学生的必修课程，每个大学都开设了这个课程，但是大学生的思想政治课堂多为几个学院的学生共同上课，考试也比较简单，这说明学校对这门课程的重视程度远远不够，这就直接导致学生的重视程度同样不高。

四、互联网时代下大学生思想政治教育模式的创新途径

（一）规范网络信息平台

随着网络技术的迅猛发展，计算机、手机等在人们的生活中起着重要的作用。网络信息获取方便、信息及时等特点极大地影响了人们的生活和行为方式，给大学生生活和教育带来了极大的方便，但任何事情都具有两面性，网络为思想政治教育带来方便的同时，也带来了一系列的问题。为此，教育工作者应该率先认识到这一问题并明白这一问题的重要性，时刻警惕网络平台上对大学生思想政治教育不利的信息，并对学生进行正确的引导。

（二）立足实践，优化内容

马克思主义实践观认为，实践是认识的来源，是认识发展的根本动力，是检验认识正确与否的唯一标准。依据马克思主义的实践观，我们的思想政治教育也要立足于实践，内容要贴近社会现实，贴近学生实际，这样才能引起学生的兴趣，兴趣是学习的老师，人类的发展也是因为人类有好奇心，但是目前我国很多学校的思想政治教育在这一点上做得还不够，内容的理论性与实践性结合得也不够，这样就直接造成了一个突出的问题就是教学内容与实践严重脱节，文化应该是反映经济基础的，这样的脱节情况会造成学生的不理解。所以，为了更好地发展我国的思想政治教育，我们只有改变过去的教育方式，多增加一些实践性的内容，不要只说空话、大话，教学内容与学生的日常生活相关，这样才能激发学生学习的兴趣。

（三）重视隐性教育方法

隐性教育方法与显性教育方法相比，隐性教育更有利于学生接受，教育内容更贴近学生实际生活，但是，当前高校普遍试用的方法还是显性思想教育，重视理论的灌输，不重视隐性思想教育方法，不能够将校园文化、社会生活、网络流行文化很好地与思想政治教育内容进行结合。在当代网络发展迅速，为思想政治教育提供了一个载体，教育者要利用好这一载体，虽然现在教育者一般用电脑、投影等高科技为学生进行授课，但也经常流于表面。要在课堂内容、课堂形式进行创新，重视隐性思想政治教育，重点对学生进行潜移默化的影响。

（四）丰富课堂形式，强调受教育者的主体性

积极心理学家弗莱德里克森积极情绪的"扩展建构理论"指出，愉悦、感恩、兴趣、激励、成就等在内的十种积极情绪能够增加人们的创造性，将心理学家弗莱德里的理论与思想政治教育方法结合起来，在思想政治教育的过程中，我们不应该拘泥于教条式的传统授课方式，应该尽量丰富上课的形式与类型。在思想政治教育中激发他们积极情绪体验，那么这种积极体验不仅仅存在于思想政治教育中还能扩展到大学生其他的思想和行为当中，产生

积极的动力。鼓励大学生积极发言、讨论、辩论、情景表演等授课方式，让大学生自主了解教学内容，用他们更能接受的方式内化思想政治教育的知识。我们可以用到的主要方式有多多开展公益活动，使教学走出校园，深入社会。课外多开展以大学生为主导的主题活动、志愿服务、公益活动、社会实践，也可以增加其积极情绪体验，在活动中要让大学生自己设定主题、目标，才能激发其主动性并体验到成就感。例如开展课堂辩论赛，主题可以是当前社会的文明与不文明现象以及社会热点问题；去养老院慰问老人、孤儿院照顾孤儿；还有课堂演讲、情景喜剧、励志歌曲、编排有关课堂内容的舞蹈等多种课堂形式。使思想政治教育与社会紧密相连，与大学生自身的兴趣特长紧密相连，大大提高了大学生的参与热情和课堂效果。

第五节　人工智能时代大学生思想政治教育模式

　　人工智能目前已经渗透至各个领域，大学生思想政治教育工作也不例外。人工智能的发展对当前大学生思想政治教育工作既带来了新的机遇，也带来了较大的挑战。思想政治教育工作者应改变工作模式，加强自身学习，适应角色转换；同时，还要对大学生增加隐私保护教育，加强人工智能技术的开发，平衡发展大学生思想政治教育，创新思想政治教育工作模式，将人工智能更好地应用于大学生思想政治教育工作中。

　　人工智能是指由人制造出来的机器所表现出来的智能，它通过在计算机中设置的程序，利用机器展现出近似甚至超越人类的智能技术。目前已应用于医学、教育、军事、科技等多个行业与领域，促进了人类的发展，推动了社会的进步。

　　人工智能最早诞生于20世纪50年代。近年来，人工智能逐渐走进人们的视野，"阿尔法狗"战胜围棋高手柯洁的消息不胫而走，使得人工智能受到万众瞩目。科技的进步让人工智能渗透至各个领域，成为人们生产生活中的得力助手。与此同时，各种新型智能产品的相继出现，标志着人工智能时代的来临。人工智能以互联网和大数据为基础，发挥自身优势，结合行业特征和时代潮流，使人类进入人工智能时代。机器代替了原有的人工劳动力，实现了信息技术产业智能化；科技改变了生产生活方式，如今随处可见人工智能的应用，人们的生活更加便捷，工作更加高效。

一、人工智能给思想政治教育工作带来的机遇与挑战

　　随着2019年国际人工智能与教育大会在北京的召开，人工智能再次成为热议的话题之一。人工智能的发展给思想政治教育工作者带来了新的机遇，也带来了较大的挑战。思想教育工作者要适应角色的转换，抓住机遇，利用人工智能给思想政治教育工作带来的便利条件，使思想政治教育工作朝着科学化、智能化的方向发展，为我国高校思想政治教育

工作开辟新的途径。

（一）人工智能给思想政治教育工作带来的机遇

首先，在思想政治教育工作中，人工智能加快了思想传播的速度。相比传统的传播方式，人工智能利用网络进行传播，速度更快，效率更高，节省了时间，同时，这种新的传播方式，不仅能提升学生的学习兴趣，还能辅助教师的教学工作。其次，人工智能拓展了思想政治教育的传播范围。人工智能的应用范围广，使思想政治教育不再局限于课堂和校园中，还拓展到了社会和家庭之中，有效扩大了高校思想政治教育工作的范围。在大学生中开展思想政治教育工作，是高等教育的关键环节，利用人工智能，可以加强教师与学生之间的互动，增加学生的自主参与度。最后，人工智能优化了思想政治教育的环境。人工智能是大数据时代的产物之一。在人工智能的帮助下，思想政治教育工作更加具有针对性。人工智能可以根据每个学生的不同特点进行数据分析，形成个性化培养方案，使思想政治教育更加科学化和专业化。

（二）人工智能给思想政治教育工作带来的挑战

1. 人工智能带来思想政治教育模式的改变

人工智能带来的科技革新使思想政治教育不得不进行一系列变革。与传统思想政治教育模式相比，引入人工智能后，思想政治教育展现出了更加便捷高效的优势。但人工智能发展还尚未完全成熟，仍然有很多方面亟待完善。在思想政治教育工作中，也有很多地方不能应用人工智能技术，还需要应用传统的工作方式。人工智能属于一项新兴的科学技术，在应用过程中难免会产生冲突和分歧。在原有的授课方式上，引入人工智能，可以提高教学效果。思想政治教育要求学生不仅要成为倾听者，还要成为思考者。但在现实课堂中，学生都成了"低头族"，一部分学生不专心听课，长此以往，教师似乎也习惯了这种方式，成为一名孤独的演讲者，课堂中缺乏互动。在我国的高校课堂中，单向灌输仍是主要的教学模式。人工智能恰好能够帮助教师解决思想政治教育课堂中出勤率低、抬头率不高等问题。人工智能增加了声音和画面，使思想政治教育内容更直观、更容易深入人心，还能够培养学生的想象力和创造力，使原来单调的课堂变得生动有趣，这种体验式学习更容易得到当代大学生的认同。除此之外，人工智能还添加了一些新的模块，将学科与学科之间连接起来。

2. 人工智能带来思想政治教育工作内容的改变

人工智能可以优化思想政治教育工作的内容，能够在一定程度上减轻教师的工作负担，使他们切实改善工作内容，提高工作效率。但思想政治教育具有特殊性，高校思想政治教育更是一项艰巨的工作。为了更清晰地掌握大学生的思想情况，需要教师在课堂上和生活中对学生进行多角度观察，仅依靠人工智能的帮助进行数据分析是不可取的。与此同时，教师能够及时对一些思想步入误区的学生加以引导，避免更多错误的发生。由于人工智能化的思想政治教育是通过互联网技术进行传播，也会夹杂着一些不良的思想观念，影响学生的价值观，这对思想政治教育工作来说是一项巨大的挑战。

3. 人工智能带来道德伦理问题的争议

任何事物都有两面性。人工智能所带来的道德伦理问题一直以来都是人们关注的焦点。人工智能给人们的生产生活带来了便利，但也不可否认其所产生的隐私泄露问题。近年来，因人工智能导致的隐私泄露事件数不胜数，一些不法分子将一些个人信息通过"暗网"销售并从中获取利益。在人工智能面前，人人都变成了"透明人"。在思想政治教育中，利用人工智能可以对学生的学习兴趣、个人爱好、生活习惯等情况进行数据分析，从而更加准确快速地获取学生的思想情况，教师可以进行有针对性的干预和指导。但是，在获取学生信息的过程中，难免会将学生的隐私泄露。一些教师在碰到这种问题时没有采用合适的解决方法，处理起来缩手缩脚，错过了最佳时机，或者碰到比较敏感的学生，教师没有把握好度，对学生的身心健康造成了一定的伤害。除此之外，个人的隐私泄露也会带来一些安全问题。人工智能和互联网连接，形成了开放的网络环境，在网络中虚假信息的传播、黑客对网站的恶意修改和攻击导致系统受损，等等，这些都是在应用人工智能过程中面临的挑战。在此过程中，不良信息的潜入、不法分子的恶意攻击会使教师和学生的身心受到一定伤害。我国还没有出台关于人工智能的法律法规。在人工智能时代，如果没有相关法律法规的保护，必然会导致问题的产生。只有法律制度的保障，才能保护学生和教师的权利不受侵害，推进高校思想政治教育工作顺利展开。

4. 人工智能存在技术难点和资源分配不均衡问题

利用人工智能有利于思想政治教育在高校的开展，也更利于教师开展教学工作，但人工智能也需要投入一定的人力、物力和财力。目前，尽管人工智能已开始普及，但在发展和使用初期，技术上还存在相应的难点。由于我国起步较晚，人工智能的整体发展水平不如国外，专项人工智能多应用于医疗、科技、服务、军事等领域。尽管人工智能在各个领域的应用已经呈现较好的发展态势，但思想政治教育工作不同于其他领域的工作。因为，最难改变的是人的思想。人工智能尽管能够进行具体的、科学的数据分析，但是对每个人的了解不能仅仅依靠数据。人的思想千变万化，每个人都是一个独立的个体，其思想受先天和后天各种条件的影响。在复杂的环境下，每一个人都有不同的想法，仅依靠数据并不能具体和详细地了解学生的思想情况。现在的人工智能对于数据的处理还不够完善，经常引发一些令人唏嘘的事件。例如，谷歌曾经错将黑人照片标注为黑猩猩。错误的数据不仅会带来错误的结果，还会引起法律纠纷。

目前，人工智能应用于思想政治教育的专业程度不高，技术不够完善，还有很多技术难点需要攻克。我国一些大学已经开始使用人工智能，其效果也非常显著。由于我国的地理环境和经济发展导致社会存在教育资源分化的现象，高校的资源配置分布不均，呈现出区域化的特点，因此仍然有一些学校没有使用人工智能。通常经济发达地区的学校条件较为优越，这类学校的发展良好，科研成果多、补贴多，很多资源流向这些学校。这就导致教育水平发展不均衡，大学生思想政治教育发展不同步，思想政治教育工作进度不一致。

二、人工智能时代思想政治教育模式的变革

（一）正确认识人工智能，实现工作模式变革

在 2019 年国际人工智能与教育大会的致辞中，习近平主席强调："人工智能是引领新一轮科技革命和产业革命的重要驱动力。"人工智能在教育领域中的应用已经是常见的现象。例如，图书馆中的智能系统、教学设备的智能化、智慧课堂等。思想政治教育一直以来都在强调创新，其与人工智能的结合能够掀起一场思想政治教育的变革。人工智能既有优点也有很多不足，但时代在发展、在前进，思想政治教育工作者更应该正确认识和看待人工智能，积极改变与完善自己的工作方式，顺应时代变化。思想政治教育工作者可以将原本重复冗杂的工作交给人工智能，减轻自身的工作负担，全身心投入科研和教学工作中，加快思想政治教育工作的进程。人工智能能够实现体验式课堂，帮助教师开展智慧课堂，改变以往的课堂结构模式，提高教学效果。

（二）提升自身能力，适应角色转换

人工智能是一个新的科技产物，新生事物必然会带来新的知识。一方面，为了更好地将人工智能应用于思想政治教育，思想政治教育工作者需要开展关于人工智能新技术的学习，这也成为思想政治教育工作者的一项新的工作内容，因此，他们的身份也应转变为学习者。新知识、新技能的学习也能够帮助教师了解学生的学习和生活节奏，拉近师生距离，有利于开展思想政治教育工作。另一方面，人工智能的加入改变了思想政治教育工作的内容。在平时工作中，思想政治教育者应该顺应时代变化，及时调整教育教学计划，改变观念，认清自己身份角色的变化，与人工智能相互配合。由于人工智能对以往传统的思想政治教育模式有一定冲击，这些改变会让一些教师产生不适应感，但思想政治教育工作应该适应时代发展潮流，需要及时适应社会的发展和变化。人工智能是一种便捷的科技手段，能够代替人们完成很多事情，这对思想政治教育工作者也是一项考验，要拿捏好分寸，既不能对其产生依赖，也不能弃之不用。比如，在课堂中，教师可以利用人工智能进行理论灌输，让人工智能做一些重复性的工作。与此同时，教师充当监督纠正的角色，对教学内容、进度及课堂秩序等进行监督，对学生学习与思想中出现的不良倾向，予以及时纠正和引导。人工智能的数据处理能力非常强，它可以在 17 秒内阅读 3 000 本书和 20 万篇论文，这是老师做不到的。总之，人工智能不仅能够减轻教师的工作负担，还能够促进师生互相学习，勤于反思，共同提高创新能力。

（三）增加隐私保护教育，建立健全法律法规

在科技发达的今天，人们似乎已经变成"透明"的了，毫无隐私可言，隐私泄露是全球的一个难题，增加隐私保护教育是非常必要的。当前，一些大学生还没有意识到隐私泄露的危险性。很多街头扫码注册送礼品活动、各种 APP 注册等，都是隐私泄露的常见方式。健全的法律法规不仅能够在一定程度上制约利用人工智能进行的违法活动，还能够在思想政治教育工作中保护教师和学生的相关权利。例如，当人工智能发现学生出现异常情况后，教师需要及时处理，涉及学生隐私问题，要注意界限，在保护隐私的同时引导学生向正确的方向发展。这样，既能保证思想政治教育工作的顺利推进，又能避免对学生造成不必要的伤害。

（四）加大技术开发力度，平衡教育资源分配

由于我国人工智能技术起步较晚，与国外的先进技术水平仍相去甚远。在很多方面，人工智能技术并不完善，还不够人性化、智能化和便捷化，尤其是思想政治教育变化多、情况复杂，其应用起来难度更大。在解决技术问题方面，相关专业人员还要多下功夫，使人工智能应用取得更大突破，填补当前国内的技术空白。例如，在思想政治教育工作中，可以开发智能化学习平台，将现实与虚拟相结合。除此之外，国家也要有相应的政策扶持，以保证人工智能的顺利发展与应用。在教育资源方面，对偏远地区也要给予一定补贴。在这个共享时代，人工智能可以轻松实现将优秀的教育资源共享，大力开展智慧课堂，让全国高校思想政治教育水平趋向一致，保证大学生的全面发展。

人工智能改变了传统的思想政治教育模式，但它又是一把"双刃剑"。人工智能的出现对思想政治教育工作的变革是一个新的机遇，但同时也带来了较大挑战。就目前来说，人工智能确实能够减轻教师的部分工作负担，提升工作效率，加快知识的传播速度，改善思想政治教育的环境，但是还存在很大的发展空间。从长远看，科技让人工智能朝着更加专业化和智能化的方向发展，这对思想政治教育工作来说是一件利大于弊的事情。尽管人工智能当前还存在很多问题，但科技的发展速度越来越快，实现人工智能和思想政治教育工作的完美结合并不遥远。人工智能时代，大学生的思想政治教育工作将会发生巨大的变革，相较于传统的思想政治教育，会是一次质的飞跃。

第六节 马克思主义发展与大学生思想政治教育模式

我国高等教育十分重视大学生思想政治教育，国家在出台相关政策的同时，也在探索新的教育模式。社会向更开放、多元的方向发展，互联网的发展也使信息传播速度加快，大学生思维模式也日益多样化。在网络时代，马克思主义发展视野下的大学生思想政治教育显得格外重要，表现在通过马克思主义基本原理帮助大学生树立正确的人生观、价值观

和世界观。

现阶段我国高校思想政治教育工作受到一系列挑战。改革开放以来，我国实行走出去的战略方针，经济全球化的同时也促进了文化的多元化，本土文化和外来文化相互影响，人们的物质和精神生活都发生了很大改变。特别是对大学生来说，他们接受新事物快，思维方式等方面的改变更加显著，在接受西方先进文化的同时，拜金主义和享乐主义等观念在部分大学生思想中扎根，道德意识和理想信念等则逐渐缺失。

第一，当下部分高校的思想政治教育跟不上时代发展的要求。一些高校只重视提高学生的专业素养，忽略学生的思想教育，未充分发挥马克思主义的引导作用。第二，教育方式单一，考核体系不尽合理。呆板空洞的说教方式难以引起学生的兴趣，唯分数论的考核方式使得学生死记硬背，没有深刻理解思想内涵。第三，教师队伍在数量和质量上都难以满足高校思想政治教育的教学任务，也难以深入研究其思想内涵，从而影响教师整体素质的提升。

马克思主义与中国国情相结合，在其中国化的进程中诞生了毛泽东思想与中国特色社会主义两大理论成果，对我国的社会发展产生了深远影响。我国对马克思主义理论研究及实践运用仍在进行。高校思想政治教育工作者不仅应传授给学生马克思主义基本原理，还应该运用这一理论指导工作，探索教育的新模式。

合理的教学组织体系。建立健全科学的组织体系，为思想政治教育创造便利条件，保证高校教育工作的有效进行。教务处为教学提供相应的场地和设施；党委行政部门对思想政治教育工作提供指导，确保教育内容的严肃性；教师是主体和实施者，具体负责学生的思想政治教育，应具备教育学、心理学等专业知识，在足够的知识储备后，应进行深入的研究。同时，高校应定期举办相关讲座，以拓宽教师视野，增强其教育技能。

多样的教育教学方式。高校思想政治教育应当改变单一的课堂教学方式，采用课堂教学为主、多种方式配合的教学模式。教师应深刻理解思想政治教学内容，讲解力争深入浅出，提高学生兴趣。课堂教学应采取有效的导向激励措施，鼓励学生积极参与，阐述观点。在课堂外要求学生采取分组研讨、答辩竞赛等方式深入学习，提高思想修为。高校思想政治教育应采取实践育人的教育模式，形成良好的育人氛围。大学生作为中国特色社会主义事业的接班人，应不断学习马克思主义，不断提高运用马克思主义的观点和方法来分析解决问题的能力。

健全合理的学习考核体系。大多高校思想政治课的考核都是以分数判定，或增加一定比例的考勤分数，这种方式导致学生一味追求高分而忽略了思想政治教育的本质，对其思想素质的提高不利。考核提倡综合评估，将平时成绩、试卷成绩和实践成绩按一定比例给定分数。鼓励学生坚持和弘扬理论联系实际的学风，学以致用、有的放矢。

马克思主义不断引导高校思想政治教育探索的新模式，同时马克思主义理论体系也是思想政治教育的一个重要内容。高校应围绕理论联系实际的原则，建立健全的规章制度，营造良好的育人氛围。大学生担负着实现中华民族伟大复兴的光荣使命，因此思想政治教育理应受到重视,这需要高校、教师和学生三者的密切配合。

大学生是应用新技术、接收新思想的前沿群体,是中国社会主义事业的继承者和接班人,其综合素质的高低关系到国家发展与民族兴亡。习近平总书记在全国高校思想政治工作会议中指出,"思想政治工作从根本上说是做人的工作,必须围绕学生、关照学生、服务学生,不断提高学生思想水平、政治觉悟、道德品质、文化素养,让学生成为德才兼备、全面发展的人才"。中国高等教育肩负着培养德智体美劳全面发展的社会主义事业建设者和接班人的重大任务,因此,加强大学生思想政治教育与综合素质的培养具有十分重要的现实意义。本节综述当前大学生思想政治教育模式的发展现状、存在问题,并分析新时代大学生的新特征,提出一种新模式——立体网络化大学生思想政治教育模式。

经过多年的实践,关于大学生思想政治模式的研究与实践越来越多,总体呈现由最初的认知、情感、行为等基本教育模式向特定办学层次、专业类型、教育手段等针对大学生思想政治教育模式发展的特点,主要体现在以下三个方面:一是聚焦教育模式的背景分析;二是关注了教育模式的时间与空间;三是聚焦教育模式理念创新。分析国内大学生思想政治教育模式仍然存在以下四个方面的问题:一是不注重点线面的结合,只注重面上工作,点线面脱节,不能良好地整合优势;二是教育模式阶段性不明显,教育目标笼统、空泛,教育针对性不强,教育模式设计欠精准,不具体,教育活动设计存在重复性,零碎不系统;三是多以平面化教育模式为主,教育模块间缺乏联系及系统规划,不能形成良好的立体教育网络结构;四是教育模式仍是传统模式,对学生人格完善、职业规划、人际交往等方面涉及较少,忽略了受教育者的全面发展需要,不能很好地激发学生的主观能动性,学生表现出积极性不高,参与意识淡薄等现象。

一、新时代大学生呈现出来的新特点分析

新时代背景下,大学生思想处于动态过程,不同时期呈现不同特点。表现在以下两个方面:一是互联网时代"90后"大学生呈现的新特点,如热情、开放与沉默孤独并存;独立性和依赖性并存;追求新鲜感,接受新事物能力强,但心理承受力较弱,人际交往存在欠缺。更明显的是网络时代的新媒体对青年学生的学习、思维和生活方式等方面产生极大的影响,使之产生了多元化的价值观,主流意识受到冲击。二是大学生年级阶段性特征明显。大一迷茫模糊,对新鲜事物好奇,活泼好动,但持久性弱;大二大三属于心理碰撞期,易有学业压力、人际关系处理等问题;大四身心发展趋于成熟,可能面临就业、考研的压力。显然,立足于当前大学生所处的时代背景以及阶段性特点,实行差异化的立体网络化教育模式,全面提升大学生综合素质,势在必行。

二、立体网络化大学生思想政治教育模式

立体网络化大学生思想政治教育模式是以立德树人为中心,集"思想引领、学术先行、

文体并进、知行合一"于一体的学生综合素质提升的全方位立体网络化教育培养体系。它着眼于学生"德、智、体、美劳的全面培养",着眼于"人的全面发展",着眼于"文化知识学习和思想品德修养的统一,理论学习和社会实践的统一,全面发展和个性发展的统一"。体现了"全员育人、全方位育人"的理念。

  立体网络化大学生思想政治教育模式的基本内容。立体网络化大学生思想政治教育模式基本内容可以概括为"3366",即三支骨干队伍、三个层次、六大主题教育,六个实践导向。三支队伍即通过党课培训工程、青年马克思主义者培养工程、优秀团员培养工程三大工程打造优秀团员队伍、优秀党员队伍、学生干部队伍三支学生骨干队伍,并充分发挥三支队伍的作用,连接学院与班级。三个层次指以学生班级为点,以三支队伍为线,以学院为面,点线面结合分层次实施思想政治教育。六大主题教育即在学院层面,开展学风建设、科技创新、诚信育人、安全文明教育、志愿活动、文体活动六大主题教育活动,根据不同年级特点实施不同活动内容。六个导向即目标导向、规划导向、特长导向、资格导向、知识体系导向、经历导向。六个导向在班级层面实施,每位学生根据"六个导向"的精神完成相关要求。具体为一个目标导向,两个规划:大学生涯规划、职业生涯规划;培养三个特长;考取四个证书:英语四六级证书、职业资格证、计算机二级证、普通话证;构建五大知识体系:专业知识体系、法律知识体系、人文知识体系、历史知识体系、经济知识体系;拥有六个经历,即拥有科技创新经历,拥有勤工俭学经历,拥有团队创建经历,拥有心理体验经历,拥有文体比赛经历,拥有志愿服务经历。

  立体网络化大学生思想政治教育模式的实施思路。立体网络化大学生思想政治教育模式以人才培养目标为导向,通过抓好三支队伍,办好六大主题教育,贯彻实施"六个导向",针对不同年级的不同特点,根据学生学习认知、身心发展规律,分年级、分层次、分类别实施差异化教育。以思想政治教育为主导,以制度建设为先导,以队伍建设为抓手,以校园文化活动为平台,以党课培训、青马工程为载体,以学生全面成才为根本,以特色品牌活动为引领,积极创新大学生思想政治教育模式,院级层面、学生骨干、班级层面点线面结合,上下联动,有目的、有针对性地分段实施,如一年级抓养成,抓纪律,抓学风;二年级抓党建,抓素质,抓诚信;三年级抓科技,抓创新,抓实践;四年级抓就业,抓形象,抓考研。有的放矢,逐步推进,实现大学生综合素质的全面提升。

  立体网络化大学生思想政治教育模式的创新点:

  (1)立体化。当前大学生思想政治教育模式多平面化、单一化。立体教育模式是针对此问题提出的新理念,它反对片面的、封闭的教育,提倡立体、开放、多层次的教育,从学院层面、学生骨干层面、班级学生层面形成合力,使各种力量在立体育人工程这一整体中形成合力,从而达到共同育人的目的。

  (2)体现"互联网+"思维。该模式融入了"互联网+"思维,主要体现在以下两个方面:一是建立新媒体工作平台。在互联网的时代背景下,传统的思想政治教育方式已经很难跟上信息时代的步伐,该模式顺应时代要求,积极探索利用新媒体进行大学生综合素质提升立体教育的新途径，构建以新媒体平台为基础的立体教育联动体系，及时准确把握大学生思想动态，从而提升学院的教育质量和实效。二是网格化顶层设计。进行网格化的顶层设计。从大学生低年级到高年级的不同阶段做纵向设计，通过"六个导向"对每个学生的综合素质做横向拓宽，纵横交错，形成素质教育工作全员参与、全面开展、全程跟进的立体网状运行态势。

（3）系统一体化。三个层面、六大主题教育、三支队伍、六个导向相对独立，自成一体，同时相互补充，相互促进。六大主题活动是统筹规划的六大教育内容，通过三个培训建立党员、团员、学生干部三条线的队伍，连接学院与班级特色工作，充分发挥三条线的纽带作用与模范带头作用；推动六大主题教育活动的实施。六大主题教育活动与六个导向相辅相成，覆盖素质教育的方方面面，满足不同学科专业、不同类型层次的学生成长发展需求，符合社会对一专多能的综合型人才的需要。

（4）目标倒推化。目前很多实践研究是以大学生从低年级到高年级的发展规律为基础设计教育模式。立体网络化大学生思想政治教育模式以就业需要和社会人才需求为导向，以本科、专科不同的人才培养目标为中心，以目标导向为设计思路，倒推设计六大教育活动和六大导向，使教育工作更具针对性、时效性，以培养社会需要的人才。

（5）"反客为主"。在思想政治教育过程中教育者与受教育者之间存在互相学习、互相影响、互相启发、互相帮助的关系。传统教育模式以学校为主体，学生为客体，以学校作为组织方，学生多为参与方，该模式中"六大导向"采用"反客为主"的创新理念，即以学生为主体，学校为客体。学校提出六个导向，学生根据导向自主选择项目，完成目标。充分发挥大学生自身的主观能动性，自主选择、自觉领悟和接受，交流学习，培养学生具有"自我教育、自我管理、自我服务"的"三自"功能。

三、立体网络化大学生思想政治教育模式的应用价值

（1）可以发挥思想政治教育整体效益，形成合力。立体教育模式具有整体性特征。倡导各方面教育力量在统一实施的工程中形成合力，把立体教育模式视作一个整体，从整体的角度去研究部分和部分的关系，这样必然能够克服各自为政、各自为战、两层皮的现象，从而能够互相配合，互相连接，互相补充，形成合力，发挥出整体效应。

（2）可以促进大学生的全面发展。立体网络化思想政治教育模式反对大学生思想政治教育单层平面进行，主张调动多方面教育力量通过立体方式进行，具有全面展开性特征，使思想政治教育与智育、体育、美育协调发展，而不是片面的、孤立的、独自的去开展某一"育"，从而使学生德智体美劳全面发展，确保人才培养方向、培养质量，促进人的全面发展。

（3）立体教育模式纵横交错，只有多维实施，形成网络体系，点线面立体化、内容精准化，分阶段阶梯式有针对性地实施育人，因材施教，注重个性发展，才能达到主题引

导，培育良好的精神世界；内外结合，培养一专多能，文理相融，提升综合素质。

本节综合分析了目前大学生思想政治教育模式的现状、存在的问题以及新时代下大学生呈现出来的新特征，并基于此提出了立体网络化大学生思想政治教育模式，此模式具有鲜明的立体化、差异化、阶段化、目标倒推化特征，符合新时代大学生的思想政治教育需求，符合思想政治工作规律，符合习近平总书记对做好高校思想政治工作提出的因事而化、因时而进、因势而新的要求。贯彻了全员育人、全方位育人的理念，为高校探索大学生思想政治教育工作提供了新思路。

第七节 微博的大学生思想政治教育模式

微博在大学生思想政治教育中的作用越来越大，它改变着当代大学生学习、生活的模式，影响着大学生的价值观和人生观，因此，科学构建大学生思想政治教育模式已成为大学生思想政治教育亟待解决的重大课题。本节从模式的角度出发，结合心理学、教育学、思想政治教育学等相关理论，对基于微博的大学生思想政治教育模式进行深入探讨，这对于提高当前思想政治教育的实效性、针对性和感染力、吸引力，丰富思想政治教育学科的理论发展具有重要意义。

一、基于微博的大学生思想政治教育模式研究的不同学术观点

继 2004 年中共 16 号文件发布之后，在文件精神的指导下，学者们对网络思想政治教育的关注度也越来越高，研究自然也越来越深入，研究的论文数年均达 50 篇。

2006 年之后，对网络思想政治教育的研究越来越多，一些硕士生也开始以网络思想政治教育为主题进行学位论文的研究，他们在网络思想政治教育的机制创新、发展趋势、模式构建等方面进行深入研究，取得了一定的成绩。与此同时，专家学者对网络思想政治教育也开始系统的研究，网络思想政治教育的研究经历了从无到有的过程，开辟了一些基本论域，取得了丰硕的成果，为本节的研究打下了坚实的基础、提供了大量可以借鉴的资料，但从总体看，基于微博的大学生思想政治教育模式研究还不够系统，特别是随着时代的变化，网络的更新和人的思想观念变化让思想政治教育的研究有了更深一步的空间。

二、基于微博的大学生思想政治教育模式的特点

大学生思想政治教育模式是指在一定思想政治教育理论指导下，根据大学生思想政治教育现实需要所设计和建构起来的教育目标、内容、方式、方法、手段、结构等方面的综合性理论模型和实践范式。随着社会主义市场经济体制的建立和完善，改革开放的进一步加快和扩大，互联网技术的迅速发展，高等教育大众化时代的到来，高校领导体制、教育

教学、招生就业、后勤社会化等各项改革推进，传统的大学生思想政治教育模式受到严重的挑战。

基于微博的大学生思想政治教育模式是网络信息时代贴近实际、贴近学生、贴近生活，紧紧围绕增强大学生思想政治教育的针对性、实效性和吸引力、感染力的新模式，其具有鲜明的时代特征。

（一）平等性与互动性

在微博时代，教育资源成了一种共享资源，教育者不再单独掌握，受教育者往往根据自己的喜好选择信息，不再被动地接受信息。微博上，每个用户的身份都是平等的，在该种模式中高校教育者以朋友的身份平等地与学生交流，不再是以高高在上的方式给学生灌输理论知识，强迫学生硬性记忆，而是语言和善，态度亲切，认真倾听学生内心的真实声音，及时处理学生在学习、生活中遇到的疑惑与困难。

微博具有传播对象的广泛性、传播内容的互动性、传播形式的多样化、传播效果的迅捷化，让交往更加趋向于自由普遍化，所以，该种模式十分重视教育者跟被接受教育的大学生之间的双向互动。教育者要积极地融入微博，运用微博的发布、转发以及评论功能，与学生传递、共享微博信息。一方面，高校可以利用微博平台，号召师生为学校的发展建言献策。比如，针对校园文化建设，高校可以广泛征求师生的建议，并选取那些具有新颖性的见解，应用到校园文化建设的实践当中，打造校园特色文化。另一方面，教育者可以选择一些社会热点话题，组织学生分小组讨论。此时，教育者也要以讨论者的身份充分参与其中，发表自己的见解，表明自己的立场，引导学生多角度思考，由讨论的问题引向学生理性的思考，充分实现思想政治教育的效果。

（二）显性与隐性

由思想政治教育的学科特点所决定，该模式坚持正确的舆论方向、科学的理论指导，发挥主渠道、主阵地的作用，教育者通过一些公开的教育活动，有组织、有领导地开展思想政治教育，如进行主旋律的宣传、形势报告会等。与此同时，在微博平台上，教师借助图片、视频、音频等多媒体资料，与学生共享教育资源、开展思想交流、分享学习心得，以"润物无声""耳濡目染"的形式对学生的思想、道德、情感、态度等产生影响，使受教育者在无形中接受教育影响。教育者以学生普遍关注的社会热点事件或重要节日为契机，在微博上组织专题讨论，并从不同侧面渗透思想政治教育内容，使学生在耳濡目染中受到感化。比如，在九·一八纪念日里，教育者可以组织以"理性爱国"为专题的讨论，对社会上出现的诸如打砸日系汽车、日系店面等不理性的举动，给予正确分析，并告诫同学们僭越法律底线的"爱国"行为只能授人以柄，只有理性爱国、奋力强国，才能真正维护国家利益，捍卫民族尊严。

（三）及时性、开放性

微博的及时性、便捷性特点，使教育者能通过微博，掌握大学生的心理状况、思想动态，并对于那些存在问题的学生，教育者能给予及时的引导和帮助。高校在官方微博上开设心理咨询版块，提供在线心理测试和心理指导，帮助学生了解心理知识，以及常见心理问题的主要表现、产生原因、危害程度、治疗方法，等等，这样学生能根据这些信息及时进行自我调节。而对于希望得到教育者单独辅导的学生，可以选择微博中的"私信"发起对话，进行"一对一"咨询，这就满足了学生随时进行咨询的需求。总之，及时性是该种模式比较显著的一个特征。

在微博时代，教育资源成了一种共享资源，具有开放性，不再受时间和地域的限制，教育者与被教育者之间、教育者与教育者之间都可以资源共享。该种模式打破信息封锁，从思想政治教育的大局出发，服从全国思想政治教育微博平台建设的统一安排，不搞重复建设，与各领域各层次教育者进行广泛、密切的合作，打破学校围墙的界限，扩大教育对象群体，最大限度地覆盖更多的受教育者。

（四）主体性与主导性

基于微博的大学生思想政治教育模式所强调的主要内容是大学生在整个教育过程中的主动参与行为，学生主体性得以实现优化提升，使每个参与者均具备有话语权威性，成为中心。因此，该模式要求大学生将自身自主性优势充分发挥出来，实现良好的自我创造、自我把握、自我规范。

在充分发挥大学生主体性的同时，突出大学生网络思想政治教育的主要内容，以社会主义、集体主义和爱国主义教育作为大学生网络思想政治教育的主旋律，坚持和维护社会主义意识形态的主导地位。

三、基于微博的大学生思想政治教育模式的表现

（一）信息传递的选择模样

大学生作为微博用户的一大来源，其特点之一是大学生年轻化特征明显。同时由于微博传递的特点导致微博容易造成信息传递的片面性。微博和大学生这一行动者的关系网络呈现互嵌性特征，大学生是信息传递路径的一个点，而高校思政工作者则是这一传播路径中具有理性选择能力的主体。

基于微博的大学生思想政治教育模式，一方面，微博信息深深地嵌入由大学生构筑的社会关系网中。通过这一关系网，教育者将信息推送到各个位置。因此，一条微博能否得到教育者和受教育者的关注，能否实现信息传播的裂变式效果，是受其层层"嵌入"的社会关系网特性影响的，同样的信息落在由不同教育者和受教育者构筑的关系网中，会产生

完全不同的传播效果和教育效果。有些信息是发布不久后就消亡,有些信息则是在发布后马上凑效。

另一方面,信息在推送的过程中会形成新的社会网络。微博的教育影响力尤其是信息传递的选择赋予每条信息独立的生命力。信息一旦被某个用户发布,信息传递便不再受信息最初发布者的控制或影响,其后的信息传播的轨迹、速度、方向便交给了信息网中的各个用户。但这些用户的行为动机难以一致,呈现多元化、混合化的特点,这又导致新的社会网络的形成。若没有信息传递,最初高校教育者与大学生便没有互动的主题,他们组成的这种社会关系网就不能实现网络交流的目的,网络也失去了存在的目的。如果没有信息传递,更新的网络关系就难以形成,社会网也无法获得发展动力,高校中的这一微博用户群体也将渐渐失去对微博的兴趣。

(二)知识影响的引领样式

微博作为一个公开的网络平台,其用户都是平等地享有发布、关注等权利,里面发布的信息缺乏专业人员的把关、过滤,而微博上不文明、网络犯罪现象层出不穷。基于微博的大学生思想政治教育模式,它要求高校思想政治教育者在微博平台中发挥知识影响的引领作用。

只有发挥主流思想和知识的主导作用,思想政治教育才能实现它的教育功能,具有时效性。面对知识大爆炸的互联网,面对"争夺眼球"的"围脖"之战,一些破坏社会主义现代化建设的敌对势力常常利用微博这一载体进行思想煽动,腐蚀大学生纯洁的心灵,与我们争夺大学生,在思想意识形态上进行博弈。面对微博给高校思想政治教育带来的新机遇和新挑战,我们高校思想政治教育工作者应充分发挥微博在建设社会主义核心价值体系、践行社会主义核心价值观中的积极作用,使微博为我们所用。建立以微博为基础的大学生思想政治教育模式的知识影响的引领样式,就是要求我们始终坚持正确的政治方向,坚持四项基本原则,坚持和维护社会主义意识形态的主导地位,坚持以马克思主义中国化的最新成果和知识体系引领时代的潮流。

(三)负性侵袭的净化模型

微博是现实空间的延伸,具有虚拟性,但微博背后的用户都是客观存在的,他们会将自己的思想情绪植入发布的信息,进而影响其他受众。一旦负性信息在微博上形成一股势力网络舆论,就会影响大学生的思想意识,影响社会稳定。大学生是18~24岁的年轻人,他们心智还未完全成熟,面对微博上的众多信息无法准确分辨出真伪,无法理性分析一些负性信息。由于大学生的心理特征和社会阅历的影响,他们克制自身负性情绪的能力也是有限的,其往往喜欢用偏激的思维方式和极端的解决问题的方式。随着微博的迅速发展,负性信息具有传播的快速性、影响的广泛性和持续性和信息本身的指向性、偏执性和突变性。负性信息主要以牢骚、纠缠、恶搞、破坏的形式出现。网络上如此多的负性信息,目前对它的引导尚存在一些不足,如教育者正确引导意识不强,工作思路陈旧,行为失范、观念模糊,管理失据等。

四、基于微博的大学生思想政治教育模式的构建

构建基于微博的大学生思想政治教育模式,建立起一套完整的体系,即信息传递是基础,知识影响是关键,生活互动是核心,消极抑制是保障。这几个机制是构建这一模式不可或缺的因素。

(一)信息传递是基础

面对微博的日益壮大,很多的高校都紧跟时代潮流,开通了自己的官方微博,结合本校实际,及时发布一些真实的和有权威性的校内外信息;同时,很多高校的职能部门,如后勤部门、学生工作部门和各个院系也开通了独立的微博账号。越来越多高校思想政治教育者(包括高校辅导员)开通了自己的微博,通过自己的日常生活,发布文字、图片、视频等信息吸引大学生的关注,其不再用空洞无力的说教获取大学生的认同。高校思想政治教育者通过微博构建党建团建等思想政治教育的新平台吸引学生的关注,同时密切关注大学生身边发生的大小事情、出现的有趣的人物,让教育者和受教育者平等主动地选择自己感兴趣的信息,使双方及时了解相关信息,帮助教育者正确引导学生对于一些现实生活中出现的问题的看法以把握网络舆论的话语权,占领微博思想政治教育的主阵地。信息是建立以微博为基础的大学生思想政治教育模式的基本细胞,只有确保信息传递的正常进行,大学生思想政治教育才能够有效利用微博这一网络平台发挥应有的影响。

(二)知识影响是关键

微博能够为大学生提供大量的信息,但并不是所有的信息都能为高校思想政治教育者所利用,只有符合我国主流意识形态,符合社会主义核心价值体系的信息,才能把这些信息整合成知识体系,成为思想政治教育传播的对象。因此,高校思想政治教育队伍应主动出击、掌握主动权,以社会主义核心价值体系和社会主义的意识形态作为高校网络思想政治教育的主导思想,占据微博的思想政治文化阵地,建立主题知识圈,加强中文域名服务平台的建设,针锋相对西方的思想、文化知识的渗透,抵制网络不良信息对大学生的文化侵蚀和思想污染,确保微博知识影响的方向性,这是建立以微博为基础的大学生思想政治教育模式的关键。

(三)消极抑制是保障

随着微博的快速发展,微博承载的信息量越来越难以计量;同时,不断更新的互联网技术和手机,让大学生可以随时随地地发布、传播各种信息。这样,微博这一应用程序具有了自主化、平等化的特征,大学生在微博上的舆论自由越来越具体化,自主空间延伸到

了虚拟领域。因此，高校教师和大学生都可以通过微博这一平台在网上进行交流，并参与到以大学生思想政治教育为主题的舆论中。网络上的舆论从来不是完全正面的，在一些正面信息出来的同时，也伴随着很多负性信息的侵蚀，这些负面信息可能会突然转化为危害学生健康思想的源泉。在微博上出现的这种负面网络舆情引发的大学生思想问题，成为一种危害大学生安全的新型危机。面对微博的迅猛发展，对高校思想政治教育工作者来说是挑战，更是机遇。

微博上的信息资源本身并没有一个中心，在这个价值多元化的社会，各种道德的、非道德的、反道德的信息充斥其中，而大学生作为微博用户的一大主体，在信息选择上享有充分的自主性，对任何信息都能够接触到，但大学生的认知能力和思维水平是有限的，其实践能力即参与社会实践的机会是有限的，微博中的各种观点都可能会影响他们对社会的看法，甚至有些会有偏激的看法。在这种情况下进行思想政治教育，思想政治教育工作者必须坚持信息过滤原则，利用先进网络技术，对于那些容易对大学生造成负面影响的信息进行有效处理，为微博中的思想政治教育搭建起一道严密的"防火墙"，净化负性信息对大学生的侵袭。因此，建立消极抑制机制是顺利构建基于微博的大学生思想政治教育模式的有效保障。

第八节 同伴导师制与大学生思想政治教育模式

同伴导师可以被定义为一种互助关系，即两个年龄或经验相仿的人聚在一起，通过非正式或正式的指导以寻求职业成功或心理支持。它在提高新生适应能力、提升学习效果、获得领导力和就业能力方面有显著效果。因此，在大学生思想政治教育中引入同伴导师制，能突破二元对立的思政教育模式，提供开展隐性教育的良好载体，运用朋辈教育理念缓解大学生心理压力，突破网络时代思政教育难点，培养网络意见领袖，最终促进大学生思政教育模式创新。

一、同伴导师制的定义及作用

（一）定义

同伴导师制可以被定义为一种互助关系，即两个年龄或经验相仿的人聚在一起，通过非正式或正式的指导以实现职业成功或心理支持。导师是一批半专业人士，他们被选中并经过培训，有意识地提供服务，增强学习和工作的有效性。当前，美国有近83%的高校实施了该制度。国外大量实证研究认为：当制度得到足够的支持并具有较好的基础（如明确的规划、有效的管理、操作指南以及合适的有效性测量方法）时，能够为参与者带来积极的建设性作用，尤其是在商业、教育、医学等领域，其作用主要体现在以下三方面。

（二）作用

1. 帮助学生更好地适应大学和社会生活

大多数新生与教师的联系非常有限，他们在生活和学习中经常寻求高年级学生的协助，认为高年级学生是重要的信息来源和支持，并期待高年级学生能够帮助自己适应大学生活，甚至将高年级学生当作他们整个大学生活期间的重要人物。在同伴交往中，年长的学生起领导作用，他们能够调适自己的行为，以适应年幼同伴的能力需求，这有助于年长学生同情、关怀、亲社会倾向、坚持主见和领导技能的发展；同时，年幼学生也从中受益，获得寻求帮助、尊重他人或顺从更有权力的同伴等各种新技能。

美国心理学家亚伯拉罕·马斯洛在他的需求层次理论中提到了安全需要和社交需要，而由同伴指导关系所形成的归属感，有利于增强学生对大学的认同，满足学员的安全需要和社交需要。

2. 提高学习效率，提升学习效果

在课堂中引入同伴导师，将高年级学生与低年级学生配对，这样能为学生提供来自教师以外的指导、支持和教育。同伴导师虽不是教职工，但也是教学的一部分，他们利用自己的经验帮助、指导学生应对学术研究方面的挑战。来自英国、韩国、新西兰的三所大学的指导项目显示，当使用同伴指导时，学生保留率可提高近20%。92%的学生认为同伴导师激励了自己继续学习，90%的学生认为同伴导师帮助他们改善了学习技能，86%的学生认为同伴导师支持有助于实现学习目标，98%的学生强烈地表示，同伴导师的配备大大增强了他们在大学社区里的归属感。

可见，同伴导师为学生提供了高质量的服务，与学生建立了良好的同伴指导关系，能够加强学生和教师之间的联系，帮助学生强化和运用学术技能、策略，以实现学业成功、职业发展，并养成终身学习的习惯。

3. 促进学生领导力和就业能力发展

学生既能接受同伴指导服务，也可以作为导师为他人提供服务，并习得一系列辅助性的指导技能，学校在学生毕业时为担任导师的学生写推荐信，提供学生领导力和专业发展的证明，让他们在今后的求职过程中更具竞争性。

美国德雷塞尔大学雷柏商学院研究者，针对新生的商业营销系列课程，选取了十八名教师、十九位本科高年级学生（同伴导师）和二百名被指导者参与同伴导师计划。在同伴关系开始之初和结束之后，研究者均对每位导师的领导力情况进行了调查。对比前后结果表明，导师们通过参加同伴指导项目感受到自己在领导力发展方面进步较大，增强了自信心。从戈尔曼"情商五要素"理论来看，导师们在同理心、自我认知、自我调控、内驱力和社交技能等方面都有了提升。在此基础上，学生的就业竞争力也得以增强。通过对导师和其他普通学生毕业后的就业情况进行评估发现，虽然同伴导师项目及其活动并不是唯一的影响因素，但导师们在就业方面有着更高的成功率。实验当年，毕业前（3～6月）雷柏商学院商业营销专业高年级所有本科生的平均就业率为51%，而同伴导师的平均就业率为70%。

二、同伴导师制实施的具体要求

同伴导师制作用的有效发挥，必须建立在一定基础上，本节将以美国印第安纳大学为例进行阐述。该校早在1991年就启动了自己的同伴指导项目，并在实践过程中不断完善，至今已形成较完备的架构，运行良好，在学生中具有较大影响力。

（一）建立专门的管理机构

同伴导师制的实施由副校长主管，并有两个机构为其服务，一个是指导服务与领导力发展办公室（The Office of Mentoring Services and Leadership Development，简称OMSLD），它为师生们提供实用的资源和服务，提高学生的保留率和毕业率，同时对同伴导师项目进行评估和推广；另一个则是卓越学生指导项目（The Faculty and Staff for Student Excellence，简称FASE），它将教师、员工、学生导师与寻求帮助的学生配对，提供学术和职业支持。FASE下设咨询委员会，并提供多个职位，鼓励学生更好地参与到校园生活中。

（二）着重为大一新生提供服务

从大二及以上的本科生中筛选同伴导师，他们为新生或新转入该校的学生提供服务，让新生快速了解学校基本情况、校园资源、活动、教师及同龄人等，确保学生能够适应校园环境和学习氛围，顺利地度过大学第一年。

（三）明确导师学业标准

所有导师申请人必须承诺在整个学年中每周工作5～10小时。在成绩方面，申请人在第一学年结束时，总绩点和学期平均绩点都至少要达到2.8，这样更有利于对学生进行学业指导。

（四）签订保密和学术诚信声明

在工作过程中，导师可能会接触到学生的个人信息，如成绩、测试结果、学习进度等，这属于学生的隐私，不能泄露；另外，导师应努力成为学术诚信、正直和道德行为的典范，为学生提供学术支持。因此，在开展服务之前，导师需要签订保密和学术诚信声明，承诺遵守部门和学校的相关指导方针与政策，否则相关部门有权终止指导关系。

（五）侧重对导师的培训和支持

学校开展了学徒导师计划（The Mentor Apprenticeship Program，简称MAP），主要面

向有意向成为导师的新生，为他们进行必备的技能培训，如领导类型、活动策划、团队建设、目标设定、校园资源、简历和求职信制作、访谈和公开演讲等，为今后成为合格的导师奠定基础。

学校为每位导师配备了导师手册，对导师的职责进行了划分，角色进行了定位，并就指导关系如何开始、指导分为哪三个阶段、如何与学员进行沟通并了解对方、建立良好指导关系的五要素、三种必备的指导技巧等进行了详细阐述，并就常见问题及可能出现的问题进行了解答。相关部门还会定期举行会议，对导师所遇到的难题进行讨论，给出建议。另外，学校还建立了退出机制，如果某位导师确实无法胜任工作，可以申请退出。

（六）实行科学规范的管理监督

导师可以通过电话、短信、电子邮件或当面沟通等多种方式开展工作，但每两周必须到指定网站填写一次工作摘要，记录与每位学员进行交流的时间、详细内容，以及在此过程中出现的疑问，提交给 FASE 的工作人员。此外，每位学员都有学员手册，并以此进行个人计划和自我评估。在导师第一次和学员进行会面时，就应帮助他们进行学业和个人发展方面的目标设定，包括时间管理、财务管理、压力管理、问题解决能力和规划能力等，并填写手册。在第一学年及第二学年的最后一次会面中，导师应与学员对照手册，评估自己所取得的进步和需要改进的地方。手册中还应附上绩点计算方法，因为学生需要计算出每学期自己所获得的绩点，以此起到学业预警作用。

（七）设定导师角色边界

尽管同伴导师能为学生提供诸多帮助，但导师绝不是万能的，在导师/学员手册中明确规定，导师不是取款机，不应花上自己所有的时间陪伴学员左右，随时倾听每一件事，更不可能取代父母和监护人的角色。最重要的是：导师不可能解决学生所碰到的所有问题，尤其是医疗和心理咨询治疗方面，因此，在遇到紧急情况时，导师应指导学员向校内的专业部门和机构寻求更为专业的帮助。

三、同伴导师制在大学生思想政治教育模式创新中的价值

（一）突破二元对立教育模式，实现全过程、全场域育人

首先，传统思想政治教育模式具有区分严格的二元对立，教师是育人主体，学生作为客体，教育更多是单方面的知识传授与观念灌输；其次，传统思想政治教育模式依托于既定、有形的物理空间，使教育过程难以发生实效，容易丧失教育主阵地。

同伴导师制能突破二元对立的教育模式，引入部分优秀学生的力量，分担教师的部分职责，并在时间、空间上弥补传统教育的不足。教师有较固定的上班时间，八小时之外的时段尚属教育的薄弱区域。此外，教师的工作地点也较固定，无法灵活地变化，而同伴导

师作为学生群体的一部分，能在工作时间之外继续行使自己的职责，并能在宿舍、食堂、图书馆等学生经常活动的地方开展教育，更具灵活性和有效性，真正实现全过程、全场域育人。同伴导师制因其教育主体的朋辈化，能够减少受教育者的抵触情绪，在一定程度上缓解教师的压力，调动部分优秀学生的积极性，充实思政教育队伍，形成更强大的教育合力。

（二）提供隐性思政教育载体，提升思政教育实效

当前，大学生思想政治教育模式的创新正在由显性教育向隐性教育转变。隐性思政教育是相对于传统的显性教育而言的，它是指那些不直接暴露教育目的和教育内容体系，通过丰富多样的，尤其是隐蔽的教育载体，对教育对象施加多种影响，引导他们的世界观、人生观、价值观健康发展。其主要体现为方法论层面的一系列教育方法，当然也离不开一些特定的教育载体，如人际关系、各种媒体、文化活动、管理和制度等。同伴导师及其与学员之间所形成的高质量的、稳定的同伴指导关系是开展隐性思政教育的良好载体。

此外，隐性思政教育强调体验性，通过亲身参与、感受来获得认知，实现自我引导。同伴导师的职责除学业帮扶外，还包括策划、开展各种活动，帮助学生提高社会适应性和就业能力，关系学生生活的方方面面，更容易在思政教育教师的指导下，通过丰富多彩的社会实践活动、校园文化和环境、团体辅导方法拓展第二课堂，实现实践育人，潜移默化地实现教育目标。

（三）运用朋辈教育理念，减少大学生心理风险

同伴导师在应对心理危机方面也有重要作用。国外一项研究发现：同伴导师在减轻抑郁症方面有显著作用，它能促进学生形成更积极的社会态度，发展更良好的社会关系。受到指导的年轻人更加信任他们的父母并与他们沟通良好，而且经常与导师见面的人和同龄人相比，吸食毒品的可能性下降了46%，饮酒的可能性下降了27%。

当代大学生承受着学习与就业的压力、交际与情感的困惑、家庭与外界环境的影响，出现心理受挫的比例越来越高，悲剧时有发生。虽然同伴导师不能取代专业的心理咨询师，但他能让受助者感受到有人在关心自己，他们并不是孤独地在应对日常的挑战，且对于别人而言，自己也是很重要的一员。因为是同龄人，同伴导师能更加感同身受地去理解受助者的心情，走近他们的内心，实现情绪疏导，从而缓解受助者的心理压力。

（四）突破网络时代思政教育难点，培养网络意见领袖

当代青年都成长于网络时代，网络的跨时空特点突破了以往思想政治教育主要依靠课堂的局限，拓展了大学生思想政治教育时空，真正实现了"网络有多大，思想政治教育的舞台就有多大"，同时也对思政教育工作提出了挑战。如给尚未完全成熟的青年大学生造成了思想上的混乱、政治观念的模糊和民族意识的淡化，使高校思想政治教育者原有的知识垄断和权威地位受到很大的挑战和冲击，也对大学生的辨别能力、筛选能力提出了新要求，因此，如何培养一批网络"意见领袖"，建立网络话语权，就成为当务之急。

网络"意见领袖"可以是教师，也可以是经过培训的优秀大学生，如同伴导师等。他们以显性或隐性的身份进入网络空间开展思想政治教育活动，经过与大学生持续的互动后，有相当数量的人逐渐成为网络"意见领袖"。同伴导师们作为网络青年的一部分，与教师相比，他们每天停留在网络上的时间更多，2017年的数据统计显示：北京大学的学生每天在网络上的停留时间超过了14个小时。此外，在青少年中还存在许多网络亚文化群体，他们擅长使用一些网络热词、新词甚至是专门的语言进行交流，教师很难融入其中，而同伴导师们则能较好地理解、掌握网络动态和舆情，及早发现潜在隐患，完善网络预警机制。

同伴导师制在国外得到了蓬勃发展，也有许多研究成果，但在我国尚处于起步阶段，只有我们加以重视、精心组织、严格管理，才能发挥它的独特作用，弥补大学生思想政治教育的短板，进而促进思政教育模式创新。

第九节 心理危机大学生思想政治教育模式

心理危机大学生思想政治教育模式创新是我国研究行为偏差大学生思想政治教育面临的一个全新课题，直接影响思想政治教育创新实现的程度和实施的效果。现阶段，心理危机大学生思想政治教育模式创新研究已经迫在眉睫，我们的教育模式应该具有针对性、灵活性和时效性。本节主要结合实际情况，就心理危机大学生思想政治教育模式创新的必要性进行分析，然后提出教育模式创新的途径，希望通过本次研究对心理危机大学生思想政治教育有一定的助益。

心理危机是指个体运用寻常方式不能处理目前所遇到的内外部应激时所发生的一种反应而陷于极度自卑、焦虑、抑郁甚至失去控制、不能自拔的状态。心理危机可能由突发性事件引起，也可能由一系列事件的日积月累造成。在大学生中容易诱发心理危机的问题是：情感问题，主要是失恋；学业问题，成绩不理想，不能顺利毕业；就业困难，求职屡屡受挫；心理上抑郁、孤僻、自卑，人际关系紧张，此类情绪积聚到一定程度时就会爆发出来；过度使用网络甚至网络成瘾严重影响学习；家庭问题困扰，如家庭经济困难、父母离异或关系不融洽、父母失业、父母病重或失去至亲等；受到校规校纪处罚，如因旷课、作弊、打架、偷窃等受到校规校纪处罚；遗传或其他原因有重大身体缺陷和疾病，及其他受重大打击和意外刺激。产生这些行为的原因分几个方面：如学校教育偏执、家庭教育失败、大学生自我意识缺乏、心理障碍等。

一、心理危机大学生思想政治教育的现状

心理危机大学生思想政治教育工作是高等教育战线做好一切工作的独有政治优势。无论在什么时期大学生思想政治工作都是我们克服一切困难、取得最后胜利的保障。当前，

随着国际、国内形势的变化，心理危机大学生思想政治教育的对象、任务、内容、环境都在发生深刻的变化。面对新的形势和心理危机大学生新的特点，我们既要坚持过去的好传统、好经验、好做法，时又要认真研究思想政治教育面临的新情况、新问题，探寻新对策、新办法。

存在认识和重视不平衡的现象。教育界对心理危机大学生思想政治教育工作极端重要性的认识已经达成了广泛共识，尤其是政工、学生管理等部门普遍重视程度较高，而其他部门却认为与己无关，不能结合本部门实际开展工作，尤其是重形式、轻效果，工作缺乏自主性、科学性、有效性的现象还不同程度地存在。

存在教育模式老旧、僵化的现象，针对性不强。心理危机大学生思想政治教育模式存在严重滞后现实的情况，难以适应时代和人们思想观念的变化要求。部分教育模式仍旧停留在陈旧老套的形式和状态，用来解释现实问题显得力不从心。教育形式未能紧密结合时代特点，显得不灵活，有些教育方法仍旧以简单灌输式为主，不能满足当代心理危机大学生要求理性分析问题、平等参与对话的需求。教育模式未能做到与时俱进，常常引起被教育者逆反心理和抵触情绪，难以收到良好的教育效果。

存在教育工作未能形成合力的现象。心理危机大学生思想政治教育的各类工作尚未形成围绕培养目标的有机体系，各自为战的现象还普遍存在。心理危机大学生思想政治理论课教学、其他基础课与专业课教学等基本处于各自为战、互不相关的状态，形不成整体合力。在人才培养的重要环节，如课程体系、实践环节等还存在着缺乏围绕培养目标的系统性设计、教育层次和目标不明确等问题，严重影响了心理危机大学生思想政治教育工作整体效能的发挥。

存在配套保障不力的现象。为确保心理危机大学生思想政治教育工作的有力开展，学校应该全力保障，多方面给予支持，但仍然存在专、兼职思想政治教育工作者队伍亟待配套建设、心理危机大学生培养方案应根据加强思想政治教育的要求进行必要的修订、相关规章制度亟待完善、教育经费投入和时间保障水平需要进一步提高等诸多问题，亟须在今后的工作中逐步加以解决。

二、心理危机大学生思想政治教育模式创新的必要性分析

（一）心理危机大学生思想道德观念和价值观多样化

社会的变化对心理危机大学生的思想和行为产生了深远的影响。在各种观念、行为、文化、理念融合的时代，心理危机大学生面临着空前的困惑和迷惘，这种现象可能会导致心理危机大学生行为和思想上产生错误认知，甚至会导致政治信仰、信念和价值取向发生改变。我国在积极吸纳国外先进文化的同时，西方的种种腐朽和没落的思想文化会乘虚而入，对心理危机大学生的思想和道德观念产生巨大的冲击，这就会导致心理危机大学生自身所承担的国家和民族兴盛的责任被淡忘掉，各种享乐主义、腐败思想会产生，对心理危

机大学生思想造成腐蚀。

（二）信息化时代使得心理危机大学生获取知识和信息的途径逐渐多样化

在信息化时代，互联网打破了信息传递时间和空间的隔阂，给心理危机大学生获取各种信息提供了全新的途径，他们联系更加方便和便捷。现阶段，我国高度重视网络的安全管理，但是相关部门的立法还不是很完善，网络中存在的一些腐朽文化不断侵害心理危机大学生的思想，使很多心理危机大学生思想空虚、行为失范，甚至走上犯罪的道路上。此外，境内外很多敌对势力经常会利用网络侵入高校校园，心理危机大学生很容易受这些信息的煽动而做出偏激的事情。

（三）就业竞争压力使得心理危机大学生心理问题严重

大学人才聚集，很多心理危机的学生进入大学优越感一下子就没了，他们不能适应这种改变，于是产生了自卑的情绪。加之自主就业的压力，使得他们在求职的道路上越走越窄，出现严重的心理问题，最终导致学业不断下降。

三、心理危机大学生思想政治教育模式创新途径分析

（一）强化团组织建设对心理危机大学生的影响

大学校园应该高度重视团员和党员的发展工作，始终坚持高标准、高质量的方式进行。在发展团党员的过程中也要将学校各个专业优秀的心理危机大学生吸收进学校的党团组织队伍中，实现心理危机大学生群体中有党员有组织。通过心理危机大学生党员先进性教育，让他们能够严格要求自己，提高心理危机大学生党员的自我修养，从而在心理危机大学生党员群体中起到示范带动的作用。让心理危机大学生群体中这些党员成为开展思想政治教育工作、自觉抵制落后思想并树立良好的道德风尚的坚强后盾。此外，还要全面发挥大学校园团组织在联系心理危机大学生党员、团员方面的优势，真正为心理危机大学生成长服务，通过大学校园中学生团体发挥其带动和纽带作用，在校园内外、系部和班集体中开展生动、丰富的思想政治教育活动。

（二）推进课堂教学对心理危机大学生的帮扶

课堂是对学生进行思想政治教育的重要阵地，因此，要充分发挥好课堂教育教学的主导作用和思想政治理论课的主要渠道作用。对心理危机大学生进行思想政治理论课程教育应该全面坚持马克思列宁主义、毛泽东思想、邓小平理论、"三个代表"重要思想和科学发展观等重要思想。特别是应该全面贯彻和实施党的十八大精神、十八届三中、四中、五中、六中全会精神，将建成小康社会、深化经济体制改革、政治文明、法治文明、生态文明和新农村作为教育的重点和难点，保证教育和当今社会发展主旋律一致，与中华民族传统美德相辅相成，使心理危机大学生更有责任感和使命感。

（三）建立健全心理危机大学生思想政治教育导师制

心理危机大学生思想政治教育导师制指的是高等院校的辅导员、思想政治课程教师、指导教师和学生相互之间建立联系，借助于各种渠道来对学生实施心理危机大学生思政教育和引导工作，从而更好更快地实现心理危机大学生向职业者的身份转换。导师制和工学结合人才培养制度比较类似，也有助于落实思想政治教育工作。思政教育队伍建设方面必须结合我国高等教育模式，打造多梯度的工作队伍。一是应当构建由高等院校中理论知识牢固、业务水平较强、思想认识较高且教研水平高的专职专业型思政教育队伍，从而进一步强化心理危机大学生思政教育工作；二是应当构建由高校内外党政领导、专家等构成的专家型思政教育队伍，定期到校内组织讲座教育活动，传授实用的心理危机大学生思政教育工作方法，进行理论和实践经验的交流。

（四）实施信息化手段拓展心理危机大学生思想政治教育平台

信息化手段的推行、应用和普及给社会带来了翻天覆地的变化，因此，大学思想政治教育工作也应该改变过去传统的教育模式，运用先进的信息技术，积极建设心理危机大学生思想政治信息化教育平台，通过利用信息化的便捷性与心理危机大学生进行沟通和交流，在潜移默化中进行理论和知识的灌输，让信息化平台真正成为心理危机大学生思想政治教育的一个重要阵地。在这个平台建设和应用过程中，还要做好平台的维护和完善工作，保证这个平台的思想政治教育工作更加具有实用性、趣味性和应用性，保证心理危机大学生更好地接受这些知识，进而全面提升思想政治教育的效果。

充分发挥心理健康教育与咨询机构在心理危机大学生思想政治教育中的指导作用。心理健康教育与咨询机构要根据思想政治教育的特点制订大学生心理危机预防与干预系统的工作方案，与有关的机构或部门加强广泛的联系和沟通。定期评估学校心理危机大学生心理干预系统工作，对相关学生个体或群体的心理危机及时干预。

树立协同创新的新理念，推进心理危机大学生思想政治教育。高等院校应当尽量抛弃和转变过去那种"单打独斗"的思想政治教育方式和传统的教育理念。大部分高等院校自身的思想政治教育资源比较雄厚，但是实际工作开展起来却起不到效果，学校内部各个部门相互之间工作联系沟通不紧密，并未真正形成思政教育合力。因此，高等院校思政工作者应当坚持开放的理念，具有建设性的思维，树立协同作战意识，防止各部门之间出现故步自封、信息保守、甚至相互拆台的问题。高等院校可以从教育者、教育环境以及教育平台等各个方面来寻求协同发展，以合作创新作为心理危机大学生思政教育工作新的出发点，从而尽可能地整合校内思想政治教育资源，进一步巩固思政教育工作体系，进而开创心理危机大学生思政教育工作新模式。

第三章　新时代大学生思想政治教育能力培养

第一节　大学生思想政治教育中大学生人格素养的培养

在革新教育理念和教学模式的过程中，思想政治教育备受社会各界的关注。思想政治教育符合我国素质教育的实质要求，能够为学生的个性化发展以及成长营造一个良好的外部空间和环境。在对学生进行思想政治教育的过程中，老师需要结合思想政治教育的现实条件，以培养学生的人格素养为依据，更好地实现教育资源的合理利用和配置。对此，本节以大学生思想政治教育现状为切入点，对大学生素养的培养进行相应的分析，以此来为我国教学质量和水平的提升提供一定的借鉴。

新课程标准明确提出：老师在教育实践时必须将立德树人作为教育的根本依据和任务，积极地培养出符合时代发展需求的综合性人才。结合素质教育的具体内容分析不难发现，培养德智体美劳的综合性人才对和谐社会的建设意义重大。因此，学校需要以智力素质、人格素养的培养为切入点，根据社会和时代发展的实质需求，将人才培养方案与现有的培养目标相结合，采取创造性的策略和手段，培养学生的人格素养，保证学生能够树立正确的人生观、价值观和世界观。对此，我国高校需要将两个素养的培养与思想政治教育工作相结合，为学生提供更多动手实践的机会，提高学生的综合素质。

一、当前大学生人格素养缺失的表现

如果站在道德人格素养的角度，对大学生的个人道德行为进行分析，不难发现，在培养大学生人格修养的过程中，道德行为的缺失和失范现象尤为明显。之所以会出现这一现象，主要是因为大学生自我控制能力相对较差，再加上传统的应试教育以及家庭教育的影响，导致学生的个人行为主义现象非常明显，往往以个人的利益为中心，而忽略了他人和集体的利益，甚至有一部分学生出现了牺牲他人利益来谋取个人利益的现象。与此同时，在以利益为中心的行为主导下，学生在道德素养规范的过程中，无法学会自我规范和自我调整，严重影响了和谐社会的进步，同时也给其他群体以及社会带来了许多的负面影响。

如果以心理人格素养对大学生的人格素养进行分析，便可以看出学生的心理抗压能力

和素质均相对较低，在推动社会市场经济体制改革的过程中，社会竞争压力越来越大，许多大学生面临着就业难的问题，有一部分大学生由于长期处于一种压力较大的社会环境中，导致其直接采取比较极端的形式来发泄个人的情感，这些都严重制约了我国大学生思想政治教育作用的有效发挥，同时也影响了大学生个人的成长与发展。

除此之外，在人际交往方面，大学生也出现了许多道德失范的问题，一部分学生在与他人进行交流的过程中出现了许多不规范的行为，无法更好地与他人建立良好的社交关系，具体包括行为的不成熟以及心理的不成熟，在心理上缺乏主动性，同时无法在性格上加强自我规范，过于注重对理想事物的分析，直接将现有的人际关系简单化，没有对前期的人际交往进行有效的准备，一旦出现差距就会产生许多负面情绪。

二、如何在思想政治教育中健全人格素养

结合上文中所提出的各类不足，我国高校在落实素质教育和推动新课程改革的过程中务必以学生目前的思想政治教育现状以及心理问题为依据，通过与学生之间的有效互动，了解学生的真实需求，明确新时期大学生思想政治教育工作的重点及难点，真正实现学生人文素养的有效培养。

高校思想政治教学方法的创新。不同的教学方法所取得的教学质量和教学效率均有所区别，在大学生思想政治教育实践工作过程中，必须关注教学方法的有效创新，积极突破传统教育机制所存在的不足。目前大学生的思维能力有了一定的提升，表现欲望也比较强烈，在认识世界的过程中非常的自我。因此，在对知识进行补充时，学校必须放弃传统的教学模式，尽量避免简单的知识灌输，应积极摆脱外在强压政策的负面影响，明确学生的主体地位，将学生作为整个教学实践的主体，实现学生主观能动性的调动以及学习潜能的挖掘，不断发挥学生的自主学习能力，从而更好地推动学生的个性化成长及发展。

加强校园文化建设。作为大学生思想政治教育工作中的重要组成部分，校园文化建设对培养学生良好的人格有着重要的意义。老师需要实现教育主体以及教学环境的有效延伸，明确校园环境对学生个性化成长以及发展的要求，站在全方位、全过程的角度对学生进行潜移默化的引导和感染，让学生能够在一个良好的校园文化中实现人格素养的有效培养以及提升。与此同时，高校应积极改善目前的政治教育现状以及环境，对校园文化所发挥的教育功能进行进一步的研究，尽量避免各类负面影响要素，在现有的校园运行文化和软性文化的改革之中，老师需要站在学生的角度改革目前的教学机制，加强对各种软性文化的有效宣传，保障学生能够实现自我管理和自我约束。

通过制度进行约束。在社会竞争压力不断加大的今天，许多学生面临着就业难的问题，与高中生相比，大学生的自我选择空间更大，除了需要完成相应的学业之外，还要面临来自社会和工作的考验及压力，因此学校必须在思想政治教育工作实践的过程中，积极地将各种辅助手段融入主题教学，通过完善现有的管理规章制度来加强对学生的约束和管理。

需要注意的是，制度的约束并非是每时每刻且全方位的，而是应针对学生所出现的一些不良的行为习惯进行针对性的监督，鼓励学生养成良好的行为习惯，实现学生的个性化成长；另外，学校还要通过制度的完善来培养学生正确的价值观和道德观，实现自我规范、自我引导。学校思想政治教育工作的大力落实也离不开制度的约束及完善，学校只有充分发挥制度的软性约束作用，培养学生的良好人格，鼓励学生积极主动地参与与实践，才能在完成学业之后真正实现个人的价值和作用，更好地为国家政治经济文化的建设做出自己的贡献。

加大心理健康教育的力度。心理健康教育对实现学生的个性化成长和发展具有重要的意义，同时该管理工作也是思想政治教育工作的核心。因此，学校首先要加强思想政治教育工作的感染力，在实现对学生理想信念的引导和刺激的基础上，对学生的人格素养进行有效的培养，帮助学生养成良好的人格素养；其次，健康人格的培养是一个长期性的过程，学校以及老师必须投入更多的人力、物力和财力，保证学生既能形成健康的心理，又能主动接受正确的社会价值观和社会观的影响，真正地认识自我，学会对自己的行为进行正确的指导，积极地接受优秀人格的影响和熏陶，而老师则需要加强与学生之间的互动，了解学生、尊重学生，给予学生更多的帮助和支持。

在大学生思想政治教育工作实践的过程中，大学生的人格素养的培养尤为关键，老师以及学校需要了解学生在原计划交往过程中的实施情况，积极加强不同教育环境之间的联系，明确新时期大学生思想政治教育工作的核心，以学生人格素养的培养为切入点，真正为学生的良性成长和发展提供更多的依据和支持，为社会培养出更多全面发展的人才。

第二节 大学生思想政治教育中大学生就业素质的培养

随着我国经济的快速发展与教育事业的进步，我国高校的招生数量越来越多，大学生的就业竞争力随之增加，高校毕业生面临着巨大的就业压力。面对大学生就业压力的增加，各高校积极开展就业指导工作，以提高学生的就业素质。思想政治教育有利于宣传正确先进的思想观念，帮助大学生树立正确的世界观和价值观。在就业指导中加强对大学生的思想政治教育，不仅有利于学生正确认识现阶段的巨大就业压力，树立正确的就业观和择业观，提高大学生的就业素质，还能满足我国经济对人才的需求，对我国经济的发展具有直接的现实意义。

一、思想政治教育对提高大学生就业素质的意义

有利于大学生端正就业态度。思想政治教育有利于大学生积极了解我国的就业现状及社会需求，帮助大学生端正就业态度，进而树立正确的就业观、择业观及价值观。例如，

随着我国社会主义市场经济的深入发展，人们的物质生活逐渐丰富，人们的思想意识受市场经济的影响呈现出复杂化和多元化的特征。很多大学生认为，上了大学就一定会有好的工作，在找工作时存在目标过高的现象。思想政治教育有利于学生正确审视自身存在的问题，积极转变错误、落后的思想，树立正确的就业观和价值观。

有利于提高大学生的职业规划能力。大学生就业指导思想政治教育有利于加强大学生对现实经济社会的认识，充分了解现实生活中的市场竞争，从而完善大学生对自己的职业生涯规划。很多大学生不注重自身的职业生涯规划，认为现实生活中总是存在着许多不可预测的变量，抱着走一步说一步的就业心态，缺乏明确的就业目标和就业动力，导致在就业过程中屡次错过就业时机。而大学生就业指导思想政治工作能够帮助大学生锻炼自身的职业生涯规划能力，增强就业的稳定性，把握就业机会，并不断提高就业竞争力。

有利于提高大学生的自身素质。思想政治教育有利于学生养成健康的就业心理，实现自身素质的提高。现阶段，我国就业岗位与就业人员严重不符，随着高校招生数量的逐渐增多，大学生的就业压力不断增加，在面临就业的过程中呈现出迷茫、浮躁、焦虑的心态。就业指导思想政治工作有利于大学生正确认识自身的缺点和长处，树立健康的就业心态，加强就业技能训练，提高就业竞争力，从而实现综合素质的提升。

二、思想政治教育中大学生就业素质的培养策略

加强就业观念教育，事业心，责任感，艰苦奋斗，务实。首先，要加强择业观念教育。在择业观念教育中，教师应向学生传授职业价值观，教会学生正确对待集体和个人、职业与金钱、付出与回报等关系，正确认识自身的就业能力，根据自身的专业、兴趣爱好等选择就业职位，树立正确的就业目标。正确的择业观不仅能够帮助大学生找到适合自己的工作，还能为我国经济提供充足的高质量人才，对经济的发展产生巨大的促进作用。现阶段的择业观教育主要是帮助学生树立就业风险观与就业大众化的观念。随着我国社会主义市场经济的深入发展，我国就业不再是一个工作岗位做一辈子，而是要根据社会的发展做出一定的选择，就业具有一定的风险性。就业大众化是指我国大学生的数量不断增加，大学生不再具有明显的优越感，因此，大学生就业一定要避免眼光太高的现象，树立大众化的择业观念，正确认识自己的社会定位及职业定位。同时，现阶段的大学生就业具有较大的竞争力，因此，在就业指导思想政治工作中应帮助大学生树立就业竞争观，提高大学生的就业竞争意识，使大学生保持积极向上的工作心态，调动大学生的就业积极性，从而提高大学生的就业竞争力。

其次，大学生就业指导思想政治教育要培养大学生的事业心和社会责任感。现阶段，大多数用人单位都很重视大学毕业生的事业心和责任心，他们认为，只有将精力放在工作上，才能积极为企业的发展出力，强烈的责任感有利于调动员工的工作积极性，能够帮助企业获得巨大的经济效益。因此，在大学毕业生中，学生干部及党员常常被优先录用，因

为他们在长期的工作锻炼中付出了很多精力，具有强烈的责任感，在进入用人单位后能够很快进入职位角色，具有较强的就业竞争力。

最后，大学生就业指导思想政治工作要培养大学生艰苦奋斗的观念。在当今社会主义市场经济体制下，用人单位往往需要的是既有真实才干又能够吃苦耐劳的人才，因此思想政治教育要培养大学生艰苦奋斗的意识，使大学生在工作中做到能吃苦、敢吃苦、勇于奋斗。具有艰苦奋斗精神的大学毕业生更受用人单位的青睐。

加强道德法制教育。在大学生就业指导的过程中加强道德法律教育有利于帮助大学生在就业过程中学会遵守社会道德及法律规范，保证工作的合法性和操作的规范性。道德对人的言行具有约束作用，道德是社会生活中约定俗成的，需要大家自觉遵守。在大学生的就业指导思想教育工作中，道德教育是思想政治教育的重点。在当今社会主义市场经济体制下，诚信教育是道德教育的重中之重。教师应积极引导学生公平竞争、诚实守信的思想。另外，大学生思想政治教育应积极重视法制教育，教师应加强宣传与就业相关的法律知识，培养学生的法律意识，帮助学生树立坚定的法律信仰；同时，教师应提高学生法律维权意识，使学生正确认识自己在日后工作中的权利和利益，重视法律的保护作用，避免工作中的法律纠纷。

积极鼓励创新创业。随着我国社会主义市场经济的发展，经济社会对创新人才的需求量越来越大。大学生创新创业成为大学生实现就业的重要途径。在大学生就业指导思想政治教育工作中，要强化大学生的创新意识和创业意识，提高大学生的创新能力，从而实现就业。

首先，思想政治教育要激发大学生成才的积极性，鼓励大学生积极完善自身的知识缺陷，加强实践技能锻炼，不断提高自身综合能力，提高就业竞争力；同时，教师要教育学生摒弃学习就是为了就业的观念，积极帮助学生树立与时俱进、终身学习的观念，使学生在参加工作之后，依然保持谦逊的态度，积极学习工作技能，提高工作效率；另外，教师应将新课程改革体制下，学生全面发展的要求引入思想政治教育中，不断提升学生的创新意识、实践能力及协作能力，实现学生综合能力的提升。

其次，教师应鼓励学生拓宽学习的途径，探索科学有效地学习方法，不断提高学习质量。例如，教师可以鼓励学生积极利用现代网络技术拓宽学习途径，创新学习方法，提高学习积极性；同时，学生还可以利用网络技术了解大学生就业现状，通过微博、论坛等社交平台，积极探索就业方法，提高就业竞争力。

最后，教师应教育学生树立正确的创业观念，帮助学生正确认识创业过程中的困难。培养学生的进取心和冒险精神，鼓励学生勇敢克服困难，积极创业；同时，教师应教育学生重视自身条件，使学生的创业符合自身所处的社会环境和市场环境。例如，一些大学生只想在大城市的企业打工，过贷款供房、供车的高压力生活。对于这类大学生，教师应积极宣传小城市及县城的创业机会，鼓励学生根据自己的创业条件积极创造自己的事业，在小城市中自己创业不仅有利于获得经济利益，还容易获得幸福感。

加强就业形势教育。为对学生的就业素质进行进一步的培养，在大学生就业指导思想政治教育中，教师应积极加强就业现状教育，使学生全面深入了解目前的就业现状，帮助学生树立正确的就业观念；同时，教师应积极指导学生运用经济知识分析我国现阶段的宏观与微观经济现状，掌握经济生活中的人才需求，了解企业运营的方式及企业发展的前景。根据企业的人才需求，培养相关专业的高素质人才，加强就业技能锻炼，不断提高学生的就业素质水平，使学生能够在激烈的就业竞争下，顺利拔得头筹。

在大学生就业指导工作中开展思想政治教育，有利于大学生树立正确的就业观、择业观及价值观，提高大学生的就业意识。同时，思想政治教育有利于提高大学生的政治觉悟，提高大学生参加中国特色社会主义建设事业的积极性。随着我国经济的不断发展及我国经济新特征的出现，传统的大学生就业指导已无法满足提高学生就业竞争力的需要。因此，我国高校必须加强思想政治教育，提高大学生的就业竞争力，积极鼓励大学生为我国社会主义现代化建设事业贡献力量。

第三节 思想政治教育视角下新时期大学生干部培养

大学生干部作为大学生群体中的先进分子，他们所具备的良好的思想政治素质、高尚的道德情操、优秀的学业成绩、较强的综合能力在学生中产生导向和示范作用，在大学生思想政治教育中发挥着重要的作用。准确定位大学生干部的角色，明确学生干部的素质要求，通过严格选才、系统培养和多平台锻炼等抓手，在新时期打造具有强战斗力、执行力、领导力的学生干部队伍，进一步加强和改进大学生思想政治教育。

高校干部，是大学生群体中的先进分子，在大学生思想政治教育中发挥着重要的作用。中共中央2004年发布的16号文件《关于进一步加强和改进大学生思想政治教育的意见》指出："高等学校的各级党团和学生会组织在大学生思想政治教育中具有重要作用，大学生干部是思想政治教育工作队伍的重要组成部分。"因此，切实重视和加强大学生干部的培养和教育，全面提升学生干部的综合素养和能力，打造具有强战斗力、执行力、领导力的学生干部队伍，引领广大青年学生成长成才，是新时期高校抓好学生思想政治教育不可或缺的有力抓手。

一、新时期大学生干部的角色定位

大学生干部是指志愿加入高等院校的各类学生组织并担任一定职务，履行相应职责，服务广大学生的高效学生。他们既不同于普通大学生，又非学校行政工作人员，但是在学校教育和管理工作起特殊作用，在学生的自我管理、自我教育过程中扮演着重要角色。

首先是学生，品学行兼优的大学生。大学生应是学习成绩好、思想品德高尚、行为端正的学生骨干。一方面，大学生干部在学习、工作、生活等方面均表现突出，很容易在学生中产生较高的威信和威望，在学生干部的感召和号召下，学校的管理者和相关教师的各项管理工作能够得到更好的贯彻和执行；另一方面，大学生干部要起模范带头作用，一言一行均会对学生产生潜移默化的作用，因此就要求学生干部在"品""学""行"等方面要全面发展，不可偏废；另外，学生干部还应具备一定的管理学和心理学知识素养，在日常管理工作中善于总结管理经验和技巧。

学校老师的得力助手。大学生干部是学校管理人员和教师在维护高校校园安全与稳定的得力助手。在维护学校政治稳定方面，大学生干部凭借良好的政治素质、坚定的政治立场和敏锐的政治判断，思想始终与党和国家站在一起。当部分学生出现政治倾向错误或不稳定时，学生干部能保持头脑清醒，利用自己的威望尽可能地劝阻政治动摇的同学，此外，能第一时间把有关情况及时汇报给教师和相关部门，实时反馈学生动向，并在一定程度上控制事件的恶化。在维护教学秩序稳定方面，因目前我国高校扩招以及社会的飞速发展，教学资源和硬件设施与学生学习要求有一定距离，导致教与学存在一定的矛盾。对此，大学生干部能将学生对教学工作的意见或建议及时地传达给教师，也可以帮助教师把相关要求下达给学生，并帮助教师提醒学生遵守纪律、保质保量完成作业。当学生和教师产生较大分歧时，学生干部也可以站出来安抚学生情绪，把分歧消除在萌芽状态而避免扩大化。可见，学生干部对于维护正常的教学秩序具有重要意义。

学校师生的桥梁。大学生干部的桥梁作用首先体现在维护师生的沟通和交流上。教师和学生互相理解、配合和支持，沟通交流是前提和基础。这就需要学生干部一方面能倾听学生诉求，并及时转达给教师，还能经常与教师沟通，把教师的要求解释给学生；另一方面，学生干部的桥梁作用能使高校的思想政治教育富有穿透性和辐射性，为学生的思想政治发展提供坚固保障。通过学生干部开展党的思想政治教育工作，能使党的教育方针路线落到实处，润物细无声地使学生自觉贯彻国家和学校的政策。

二、新时期大学生干部应具有的基本素质和能力

良好的政治素质。良好的政治素质是大学生干部应当具备的基本素质和能力。首先，大学生干部要政治立场坚定，善于使用马克思主义理论武器来考虑和解决问题；其次，大学生干部要有始终坚定的共产主义政治信念，以实现伟大"中国梦"乃至是为实现共产主义为自己的最高理想，而且要有为实现理想而献身的精神；最后，大学生干部要有较高的政治判断力和政治敏锐性，以马列主义、毛泽东思想、邓小平理论、"三个代表"重要思想、科学发展观和习近平主席系列讲话精神为指导，始终站在党和群众一边，及时发现政治错误倾向，始终保持头脑清醒，善于从实际出发解决政治问题。

学习成绩优秀。学习是学生的本职，但目前部分学生干部舍本逐末，过多参与社会活动，打造所谓自己的人脉资源，把学习重心放在人际关系编织上，甚至沾上吃吃喝喝的不

良习气；上课不认真听讲或者逃课，作业不认真完成或者抄袭，课后不抓紧时间复习，学习成绩差，个别不能顺利毕业。大学生干部作为学生群体的楷模，学习成绩优秀自然是首要和基本的任务。大学生干部应自觉服从学校和教师安排，明确专业学习目标，端正学习态度，刻苦学习，努力钻研，在学习成绩方面起模范带头作用。

责任心强，积极肯干。大学生干部的管理职能不同于学校管理者，他们的工作有自主性、示范性和服务性等特点。一方面，他们在参与校园文化建设、组织校园文化活动和辅助教师教学活动时，完全是用自己宝贵的学习和休息时间换来的，整个工作是完全义务的和自愿的，这就要求大学生干部责任性一定要强，要有极大的牺牲和奉献精神；另一方面，大学生干部也是学生群体的一员，其不仅要有较强的自律、自学、自理能力，还要积极主动地完成自己的管理工作，因此大学生干部必须积极肯干，把事想到前头，做到前头。因此，学生干部要有集体主义精神、社会责任感、奉献精神，有大局观念，务实善行。

有较强的能力。大学生干部承担一定的管理职能，就需要他们具备较强的综合能力。其中分析综合能力、组织协调能力、人际交往能力、随机应变能力和创新能力分析综合的能力是学生干部在具体工作中所必须具备的基本技能。只有具备了这些技能，学生干部才能从学生的思想特点和发展趋势出发，从具体的事务出发，认识和总结规律，明确学习和教师的教育思路，组织和开展各种教育活动，团结并带动学生群体，更好地完成思想政治教育工作。

三、新时期大学生干部的培养和教育

严格选才。首先在程序上严格把关，按照公平、公正、公开原则，把选才的标准、程序公告于广大学生，让选出的学生干部经得起大家监督。其次严格从低年级中选拔品行兼优的苗子，综合考察这些苗子的学习状况、人品口碑、基本素质、工作能力，大力重点培养，引导他们按照政治素质高、学习成绩好、有强烈责任心、综合能力强的要求成长。最后严格绩效考核，制订切合学生干部实际的科学测评体系，囊括道德情操、学业成绩、学术科研、社会实践、社会公益等几个方面内容，设定相应的权重，引导学生干部严以修身，心怀天下，老实做人，务实做事。

系统培养。课堂是学生干部思想政治教育理论学习的主阵地，这是引领大学生干部思想政治教育的重要保证。学生干部必须经过系统培养，深入学习和深刻理解马克思主义理论、毛泽东思想和中国特色社会主义理论体系等内容。教师首先要坚持正确的教育指导方向，对社会主义相关的理论体系要准确把握，其次在实际教学过程中要善于理论联系实际，在现实案例中诠释政治理论、在政治理论中解决实际问题。针对当今国际国内政治、经济和文化的重大热点问题，以学生干部分组讨论为主，以引导教育为辅，让他们各抒己见，亲身体会。要创新教学手段，力图多样化和多媒体化的教学，如讨论、辩论、参观和案例分析等，多从典型人物事迹入手，正面引导学生干部。此外，还要鼓励学生干部带着问题来学习，在尊重和理解的基础上，鼓励学生干部运用马克思主义认识观和实践观不断提升自己的政治素养和水平，提升自己的创新精神和创新意识。

多平台锻炼。系统培养只是让学生干部学习了思想政治的相关理论知识，高校学习干部还需要与自身体验相结合，以提高实效为核心，在多平台、多样化的思想政治锻炼平台下提高自身的思想政治素养和能力，其中包括社会调查、社会生产劳动、社区服务、智力扶贫、公益事业、技术服务和参观访问等。针对重特大问题和热点话题，相关部门应鼓励和发动学生干部主动走出教室、进入社会；走出校门、走进社区，增加学生干部切身体会、耳闻目睹的机会。通过下社区服务、到农村锻炼、去工厂实习等实践活动，增加学生干部主动思考、主动实践的机会，让他们在实践中成长，在实践中提高。

大学生干部是大学生中的特殊群体，在思想政治教育视角下探讨大学生干部的培养和教育工作是高校教育系统工程的重要组成部分。大学生干部的示范、桥梁和教师助手等身份定位决定了对其的培养教育工作应该理论联系实际，多元化、多样化的开展思想教育工作，在引导大方向、控制大前提的基础上，培养学生干部成为具备良好的思想政治素质、高尚道德情操、优异的学业成绩、较强综合能力的优秀人才，这样不但能更好地让学生干部参与学校教育和管理，建设和谐校园秩序和教学环境，同时还能为我国未来培养一大批政治素养好、正直果敢、勇挑重担的栋梁之材。

第四节　大学生思想政治教育中学生自控力的培养

经济的发展也带来了文化和思想上的变动，传统的单一思想也正在被多元化的价值观所取代。多元化的价值观成为当前高校实施政治思想教育面临的挑战。高校的思想政治教育越来越弱化，不只是因为当前价值观的多元化，还有学生的相对分散性和学生思想的成型模式。高校的思想政治教育面临重大的困难。自控力是每个大学生都应具备的能力，但是当前大学生自控能力的缺失是一个普遍存在的问题，这也让我们反思高校的教育到底意义何在。本节将针对我国大学生自控能力的现状，分析影响学生自控能力的因素和导致大学生自控能力缺失的原因，并针对这些情况对培养大学生自控能力提出几点建议。

高校的思想政治教育课程已经在逐步地下降，然而大学生的思想却没有提高，这样的反差在很多方面都带来了不良的影响。虽然大学生已经成人，但是在很多方面都还不成熟，思考问题的缺乏全面的看法，这个时期是大学生走向成熟的过渡阶段，很多思想还需要引导。自控力在大学生身上的缺失正体现出了大学生不成熟的一面。大学生在刚刚踏入大学校园的时候，由于学业目标和生活环境的突然变化，会让部分学生失去正确的自我认识，进而导致自控能力的缺失。大学生自控能力的缺失也是学习和生活环境长期影响的结果，因此大学生思想政治教育在改善学生学习生活环境的同时，也要注意大学生自控能力的培养。

一、大学生自控力的现状

自控力是学生进行学习和生活的基本能力,同时也是学生自理能力之一。目前大学生自控能力的缺失主要有以下几方面的表现。一是思想封闭,通常所说的以自我为中心的学生。这些学生做事忽略别人的感受,而且容易大题小做,把一些不必要的事强加给自己,造成精神负担加重。二是情绪善变。经常因为受到外界环境的影响就情绪起伏较大,为一点小事就忽喜忽悲。三是意志力薄弱。这些现象男女生表现都比较明显,容易受到外界环境变化而影响自己,遇事不冷静,处理紧急情况能力较差。四是狂妄自大,目中无人,这些学生头脑发热就容易做出不理智的事,自我评价过高,一点进步就沾沾自喜。

自控能力的缺失造成了很多大学生心理出现问题,纠结于一点小事以至于轻生,结束自己的生命。大学生自控能力差还表现在,做事往往全凭自己的喜好,自我约束能力差。

二、影响大学生自控力的因素

虚荣心。虚荣心是现今大学生中基本存在的一种心理状态,虚荣心在很多情况下指引在大学生的不正确的一些行为。为了满足自己的虚荣心,不顾实际能力去追求一些奢侈的东西,以此来满足自己的虚荣的心理需求。

猜忌心。在大学生中很多事是我们不愿或不想问出口的,因此就会猜忌别人的想法,或者猜忌别人对自己的看法,就会臆造出很多虚假的画面,在这种猜忌的情况下会发生口角,引发同学之间矛盾。

愤怒情绪。极易暴怒、冲动和发脾气,缺乏理性的思考判断,通常不会顾及他人的感受,一味地我行我素。

抑郁情绪。这里的抑郁是说学生长期陷入一种自我纠结中,不是短期存在的抑郁情绪。通常在这种情绪主导下,学生会无缘无故的陷入自我忧伤中,沉寂于自己的伤感失落中,感觉不到幸福的存在。

这些不正确的心理状态在逐步地占据着大学生的思想,也许不会直接导致大学生行为的失控,但是长期下去会造成大学生自控力的丧失。

三、大学生思想政治教育中学生自控能力培养存在的问题带来的不良影响

容易沉迷于网吧。沉迷于网吧这种现状存在于多数的高校中,通常来说还是在男生身上发生的较多,这种情况很可能是在多年高中生活的压抑下产生的上网乐趣,或许是一直保留了这种上网的习惯。在大学中时间和金钱也更为的自由,因此就导致了大学生沉迷于网吧,无法控制自我的上网时间,经常占据上课时间去打游戏。

缺乏自我规划能力。长期依赖父母的生活,使大学生在大学生活中缺乏自我规划的能

力。容易人云亦云，盲目跟风去做一些事情。在所谓的学长学姐的鼓吹下，轻视学习的重要性，认为大学是交际能力和实践能力培养的场所，以至于学期末成绩烂的一塌糊涂。缺乏经济规划管理，在花费上不懂规划，支出上随心所欲。缺乏时间上的管理，不能合理利用课余时间，导致生活更多的陷入虚度光阴中。

缺乏健康的心理管理能力。大学生处于走向成熟的过渡期，在心理承受力上有限。一旦遇到自身无法处理的事，就会难以控制自我的情绪。这也是很多轻生现象发生在大学生身上的原因。不健康的心理状态会造成学生的不良行为，会造成大学生的悲剧。

四、大学生自控力培养的对策

树立学生自我管理能力培养的新理念。高校的思想政治工作应当有一个全新的转变，将以往的说教和只是形式上的教育转变为真正的"以学生为本"。思想教育者要树立新的理念，进而转变自身的身份，从教育者转变为服务咨询者，与学生站在同一个平台上，对学生进行思想政治教育引导。

营造学生自控力培养的良好校园氛围。校园是学生长期生活的地方，营造良好的校园氛围可以在无形中影响学生的行为。营造良好的校园氛围，对于培养学生的自控能力起着重要的作用。首先可以针对网络成瘾的学生采取标本兼治的措施，加强思想教育和素质教育，提高学生的自控力，培养学生健康上网的习惯；其次树立正确的大学生生活理念，注重对自身能力提高的同时，加强对学习的重视程度；最后，正确引导学生的人际交往，实现健康的人际交往环境。

分段指导，培养大学生的自控力。自控力的养成是长期的教育结果，高校思想政治生活教育中，不同年级的自控力培养应当有不一样的侧重点。比如说大学一年级就应当注重新生适应大学生活，合理地规划自己的大学生活，强调自理和自立能力的培养。大学四年级就应当促进学生自信、自强能力的培养，培养学生的竞争能力，为就业打下基础。

大学生思想政治教育中学生自控力的培养，对大学生形成健康的人格有重要的意义。在文化与思想多元化发展的今天，高校的思想政治教育的引导就更为的重要，培养学生积极健康向上的思想，促进学生综合能力的提高，高校教育责无旁贷。

第五节 大学生思想政治教育中大学生创新精神培养

培养大学生创新精神是符合知识经济发展需求、增强我国竞争力的要求，是提高大学生整体素质和实现自我价值的需求，也是促进大学生思想政治教育创新的途径，因此具有重要的现实意义。培养大学生创新精神作为大学生思想政治教育的重要内容，不仅有利于促进大学生思想政治教育改革，同时也能够丰富和扩展大学生思想政治教育创新的内涵。

基于大学生具备创新精神的现实意义，并根据笔者多年的思想政治教育经验，这里对大学生思想政治教育中创新精神培养机制提出几点建议，希望能够对大学生思想政治教育提供理论指导。

在我国高校中，学生的思想政治教育工作不仅具有一般性特征，而且还体现出了高校独有的规律与特点。当前，我国正处于高速发展时期，改革开放进程加快，国外经济与文化渐渐渗入，在很大程度上影响了高校大学生的思维、思想与行为，其中个性化特征日益凸显。对于这一情形，各大高校为了建立健全大学生创新精神培养机制，投入了大量人力、物力与精力，取得了实质性的效果。然而，由于大学生思想政治教育现状及高校办学方式等因素的制约，大学生创新精神培养机制依然存在大量缺陷。在建立健全大学生创新精神培养机制时，不得生搬硬套其他学校教育模式，必须立足于自身教学实际与学生个性特征开展科学合理的思想政治教育，制定出符合学校实际情况的大学生创新精神培养机制。

一、大学生具备创新精神的重要意义

就高校而言。"大学"二字自古以来就不仅指的是知识方面的渊博。它同时还具有人格方面的深层次含义。学以致用，要求大学生不仅要见多识广，而且要有利用知识发现、处理问题的能力，这种"发现"与"处理"并非是书本知识的照搬，而是知识的融会贯通后，不拘囿于现成的东西，创造性地形成自身独特的见解与处理方式，从而使问题通过最简单的方式化解。因此就高校而言，积极培养学生创新精神，是学校生存与发展的基本前提。

就大学生成长而言，大学生的创新精神是基于其身心的全面发展。完善的人格和健康的个性，是创新精神发源之土壤。重视大学生的个性健康、独立和全面发展，能够为创新精神的萌发提供有力的平台。因此在实际的思想政治教育过程当中，应当针对当前青年大学生的身心发展特征，帮助他们培养自律、自爱、自尊、自强、自立的精神品格，要使他们学会面对挫折、克服困难，并通过自我调节来不断地奋进。促使学生精神成人，才能有效地催生创新精神。

就社会外部环境而言，当前全球化已成为必然趋势。不论是从人类发展层面、国家强盛层面以及社会进步层面，还是从社会期望与人才需求的层面，创新精神都是对大学生的必然要求。创新精神甚至可以说是"人才"的代名词，因此面对外界的多变，传统的思想政治教育已经难以满足要求，为此我们必须要转变思想，创新思政教育方式。

二、大学生思想政治教育中创新精神培养机制的思考

建立健全创新精神培养激励机制。高校必须充分发挥其思想政治教育的职能，构建阶段性激励目标。按照大学生不同的个性特征，制定不同的学习方案和目标，将这些目标作为激励学生积极学习的助推力，激励大学生为实现这一目标努力奋斗。若该目标未完成或出现问题，必须主动引导大学生分析问题产生的原因，寻找解决问题的方法，思索预定目

标和方案是否科学，是否需要进行调整，等等。在确定目标、实现目标激励的同时，也需要对大学生实现目标过程中的激励，营造积极向上的氛围，激励大学生创新意识，提高大学生创新能力。在重视精神激励的同时，也可以设置一些物质奖励，构建公平的奖学金激励机制，特别是创新奖励，激励学生主动参与创新，拓展大学生评价机制，在高度注重大学生综合素质培养的前提下，为那些具有一技之长的学生提供宽广的展示平台，激励他们参与创新。

转变思想政治教育方式。大学生思想政治教育必须与时俱进，充分运用各种途径，整合教育资源，增强教学方式和教学手段的实效性，满足学生的多样化需求。善于利用计算机为中心的网络信息技术，能够较好地吸引学生注意力，激发学生积极性，提高大学生思维能力，指导大学生积极思考，深入探究，一旦发现问题，必须及时找出解决方法，进一步丰富创新的心理基础。充分使用多媒体各种最新教育资源，打破传统的照本宣科教学模式，破除单向传输的教学方式，学生和老师之间相互交流，逐渐形成交往式教学模式，这样能够将以前死气沉沉的思想教育课程变得异常活跃，学生能够有效吸收知识。启发式教学已经打破了传统灌输式教学模式。培养学生质疑精神是构建大学生创新精神机制的关键，引导大学生不盲目、不畏权威的意识，只有教学活动和教学过程的气氛活跃、愉悦，学生才能充分发挥其创新精神，敢于展现自我，积极思考，大胆创新，所以，大学生思想政治教育，需要有效使用多种教育资源和教育内容，启发大学生积极探究，从知识中发展问题，指导大学生养成积极创新、不畏艰辛和越挫越勇的创新意识。

优化创新精神培养的实践机制。学生积极参与社会实践能够强化理论教育的效果，能够引导学生在接受思想政治教育的同时积极参与到各种创新实践活动中。丰富多彩的社会实践活动能够培养学生服务社会的意识，丰富社会经验，转变观念，吸收新的知识和思想，促使大学生知行统一。所以，高校应该建立创新精神培养机制。

在开展校园活动的过程中，尽量为学生提供更多的实践机会，引导学生切身体验社会，积极参加社会实践活动和服务活动；另外，基于高校教育目标，广泛号召社会力量为大学生参加实践活动创造条件和环境，建立各种实习基地，根据实际情况创新大学生实践的方式与内容。指导大学生在实际工作岗位上履行职责，在实践中展现自我能力，增长见识、锻炼意志、切身体验社会，引导大学生创新理念同实践相结合，同时，培养大学生不怕失败的坚韧精神，使得大学生在激烈、复杂的社会环境中能够百折不挠、坚强奋斗，引导大学生养成创新理念。

建设高素质专业教师队伍。教师是传道授业解惑的人，是学生成长路上的指引人。教师自身创新能力对培养学生创新精神起到了关键的作用，简而言之，教师是学生创新精神培养机制的重要构成部分。教师只有自身拥有创新力，才能够科学地引导学生，激发学生创新的热情，提高自身创新力。①思想政治教育教师在教学过程中融入育人理念，不断增强自身教学水平，创新教学方法，争取将学生培养为德智体美全方位发展的人才；②思想政治教育教师想方设法丰富理论体系，及时了解学科最新理论与技术，积极参与各种研讨会培训活动，为思想政治教育注入新鲜血液；③思想政治教育教师需要具有风险精神和使命感。因此，为了进一步创新思想政治教育工作，各大高校必须建立一支具有创新能力、专业能力强的教师队伍来保障大学生创新培养机制的真正落实。

建设良好的校园创新环境。高校大学生创新精神机制的建设需要学校和领导的高度关注，从教学组织形式上创新，从课堂和教材上创新。营造创新校园氛围，有利于调动大学生创新积极性，将大学生置身于创新氛围中，从而激发大学生的创新欲望，所以，突显校园文化环境中的创新环境，整体布局校园、教育教学以及校园文化，并在校园各大宣传栏、广播、校报、讲座中宣讲创新意识，将创新精神渗入校园每个角落，深入学生内心，实现潜移默化的感染作用，调动大学生自身在思想政治教育中的主导作用。

大学生创新精神培养机制的建立不是一蹴而就的，而是需要长期坚持的工作。高校需要进一步创新思想政治教育工作，破除传统陈旧思想，在以人为本理念下开展的思想政治教育，注重大学生的主体地位，有力地促进高校思想政治工作的顺利开展。

第六节　大学生思想政治教育中学生主体性的培养

主体性是人在认识和实践活动中所表现出来的自主性、能动性、创造性。作为大学生思想政治教育客体的学生也具有主体性。大学生思想政治教育中发挥学生的主体性是社会发展与进步的客观需要，培养学生的主体性是"以人为本"教育理念的具体要求。

一、大学生思想政治教育中的学生主体性

主体与客体是用以说明人的认识活动和实践活动的一对哲学范畴。主体是认识活动和实践活动的承担者，客体是主体认识活动和实践活动的对象。马克思主义哲学认为，人在自觉地能动地认识和改造客观世界的过程中，形成了主体，也就体现了人的主体性。主体之所以为主体，就在于他是"能动的自然存在物"，具有自觉的能动性。人的主体性是人性中最集中地体现人本质的部分，马克思指出："动物和自己的生命活动是直接同一的，动物不能把自己同自己的生命活动区别开来，它就是自己的生命活动，人则使自己的生命活动本身变成自己意志的和自己意识的对象。"

主体性的内涵表述有多种，归纳起来讲，主体性是人在认识和实践活动中所表现出来的自主性、能动性、创造性。在教育领域，主客体关系十分特殊、复杂，因而教育各因素的主体性问题也十分复杂。

作为大学生思想政治教育客体的学生也具有主体性。我们首先必须确认，在大学生思想政治教育中，教育者是这一实践活动的主体，处于主导地位，而学生是客体，处于客体地位，其基本特点是具有客体性，具体表现为思想政治教育客体的受动性、受控性和可塑性。

那么，作为大学生思想政治教育客体的学生是否就不具有主体性呢？答案是否定的，不同于一般物质客体，学生作为有思想、有情感、有意志的人，他们在接受思想政治教育中具有主体性。从教育活动看，学生是教育的客体，但同时也是学习的主体，学生只有在学习过程中发挥其自主性、能动性和创造性，才能使教学活动顺利进行下去，教育活动不能离开学习而独立存在，因此，作为高校思想教育客体的学生是具备主体性的。可以这么说，在大学生思想政治教育这项实践活动中，教育者和学生都具有主体性。但是由于教育领域主客体关系十分特殊、复杂，目前理论界围绕大学生思想政治教育主客体关系提出了一些新的学说，如双主体说、主体际说。这些学说的提出实际上都出自同一个原因，就是思想政治教育的主客体双方事实上都具有主体性；这些学说的提出实际上也都为着同一个目的，就是试图唤醒人们来重视教育客体所具备的主体性，充分发挥受教育者的主体性来提高教育的实效性。顾建军在《浅析教育的双主体性特征》一文中分析，"教育中的主客体关系并不是简单的，而是复杂的，并不是笼统的，而应该是具体的，应当从教育的类型、过程、环节、内容和诸多因素的具体分析中去辨别、去认识教育主客关系问题，而认识教育主客关系的目的，在于发现和发挥教育活动中的人的主体性，在于展开和发展人的主体性。"

同样，在大学生思想政治教育中，学生的主体性也内在地包括自主性、能动性和创造性。具体说来，也就是指学生能够自主地确定自己的理想信念、价值取向、思想观点、道德选择和行为准则，自主地确定认同或反对哪种社会思潮；学生能够能动地配合教育者实施教学计划，能够用自己的思想观点平等自愿地与教育者进行交流，积极主动地提高其理论水平，能够能动地进行自我教育和自我管理；学生面对道德困惑时，具有创新道德取向与道德规范的勇气和能力。另外，在大学生思想政治素质的发展过程中，学生的主体性日趋增强、活跃，处于由潜在主体性逐步发展为现实主体性的动态过程中，因此是一种必须充分尊重、培养和激励的主体性，同时又是一种需要教育者进行引导的主体性。

二、大学生思想政治教育中培养学生的主体性是社会发展与进步的客观需要

知识经济的需要。在人类步入知识经济时代的今天，经济、科技、文化各个领域的知识都在飞速增长，学生面对的是浩如烟海的信息世界，是知识经济社会激烈的竞争环境。一方面，知识的增长可以为学生提供更为丰富的思想政治资源，为学生正确把握社会发展规律提供更广阔的背景；但另一方面，知识的膨胀和信息的泛滥也带来了错综复杂的意识形态，使学生在价值判断上感到困惑，如果学生们在学习生活中不充分发挥主体性，人云亦云、盲目跟从，不会质疑，不会独立思考，就难免受到错误认识的侵蚀；另外，知识经济的特点是有强烈的创造性，创新是知识经济的灵魂，创新的品质不仅应该在经济、科技、文化等领域得到塑造，也应当在思想政治领域被培养起来，以和整个时代的主旋律相一致。我国学生肩负着实现中华民族伟大复兴的重任，他们必须坚持马克思主义在我国意识形态

领域的指导地位，这就需要在现代思想政治教育中，着力发展学生的主体意识、选择能力和创造能力，增强思维的灵活性和深刻性，这样学生才能从浩如烟海的信息中接受积极影响，正确把握社会发展规律，真正信服马克思主义中国化的真理性和中国特色社会主义道路的正确性。

社会变革和对外开放的需要。随着社会改革的不断深入，许多社会领域不必要的强制性制约正在逐渐被放弃，许多生活领域的旧有体制也正在逐渐被打破，促使人们在价值观、思想文化上的差异日趋明显。从我国的对外开放政策实施以来，尤其是我国加入WTO后，我国在经济、政治、思想文化、教育等各个领域对世界各国和地区已实行了全方位的开放和交流，而互联网的普及则加速了不同文化、不同信息价值取向的碰撞、交错和整合。目前，学生正面临着大量西方文化思潮和价值观念的冲击，某些腐朽没落的生活方式对学生的负面影响不可低估。一些学生不同程度地存在着信仰迷茫、信念模糊、价值取向扭曲、诚信意识淡薄、社会责任感缺乏、团结协作观念较差和心理素质欠佳等问题。面对多元价值观的存在，如何自主地取舍和正确地选择价值取向？面对纷纭的社会思潮的出现，如何能动地抵御种种不良思潮的侵袭？都有赖于学生自我教育觉悟的增强和自主判断能力的提高，所以学生在大学生思想政治教育中的主体性发展问题就显得更为迫切。

我国社会主义现代化建设的需要。市场经济的重要特点，就是在市场经济活动中，人具有自主决定自己活动的权利，遵循市场法则，从自身需要出发来实现利益最大化。它使人们获得了前所未有的自主性和独立性，产生了注重个体独立人格，崇尚自强、进取、创新的精神，敢闯、敢承担风险等价值取向。现代化的政治建设突出表现在政治参与意识的增强与主人翁精神的提高。现代化的文化建设使人们的思想得到空前的解放。这一系列社会现实的变化以及由此带来的人们观念的转变，必然影响到正在积极进行社会化的学生。因此，在社会主义现代化建设中，单纯要求学生被动接受思想政治教育的做法已经行不通了，被动接受至多只能造就"良民""顺民"，只能成为专制和特权社会的基础，不能给我国经济和文化的现代化建设注入活力，也不利于我国政治文明建设，更不符合现代化的要求。为了加快实现社会主义现代化的宏伟目标，就必须激发他们在思想政治教育中的自主性、能动性和创造性。因为只有具有自主理性的和自律的道德判断、道德实践的个体，才能构筑民主的、和谐的、公正的社会，才能培养思想道德素质、科学文化素质和健康素质等协调发展，勤于学习、善于创造、甘于奉献的社会主义新人。

三、大学生思想政治教育中培养学生的主体性是"以人为本"教育理念的具体要求

第一，"以人为本"在教育中最根本的体现就是"以学生为本"。"以学生为本"即"以学生为本体"，就是要以学生为目的、以学生为工作的出发点和落脚点、以全面开发学生的潜能和发展学生的人格为根本任务、以学生的发展为评价标准、围绕提高学生的自

主性、能动性和创造性开展工作,为学生提供有价值的服务和指导,"一切为了学生,为了学生的一切、为了一切学生",其中,以学生为目的是"以学生为本体"的关键,因为只有以学生发展为终极目的,才可能做到以学生为本体,关心爱护学生、发挥学生的主体性、开发学生的潜能,为学生的生活、学习、成长、发展、就业和走向美好的未来服务。在物质文明和精神文明巨大发展的今天,以学生为本,是一次教育观念的重大转变,也是教育事业发展的必然趋势。如果将学生当作知识接收的工具来培养,将学校变成现代化的加工学生的流水线,结果只会培养出能力单一、情感干瘪、心理不健全的、没有自主性、能动性和创造性的"知识半人""空心人"和精神残疾者。因此,"以学生为本"是"以人为本"思想在教育领域的落实,这一教育观上的重大转变把培育大学生的主体性摆在了十分显著的位置。

第二,思想政治教育必须重视"以学生为本"。思想政治教育是学校教育的主要方面,尤其需要贯彻"以学生为本"思想。在我国,学生作为中国特色社会主义事业的建设者和接班人,是这一伟大实践活动主体的重要组成部分,是我国现代化建设的未来主人翁,今天在高校里为学生培养起来的良好的思想政治素质,到明天的社会实践中将转化为巨大的精神伟力,从而有力地推动社会主义事业的前进。如果思想政治教育不是以学生为本,而是作为学生的异己力量来强行施压,就达不到孕育社会主义事业主人翁精神的目的。因此,只有在大学生思想政治教育中做到以学生为本,学生才能真正形成良好的思想政治素质,才能自觉自愿地外化在未来的实践中。要在大学生思想政治教育领域做到以学生为本,首先就要充分发挥学生的主体性,因为只有当学生能够自主地确定自己的价值取向、理想信念、道德选择、思想观点和行为准则,自主地确定赞成或反对哪种社会思潮,接受或拒绝哪种思想教育,才能把中国特色社会主义建设事业当作自己的事来关心和投入。《关于进一步加强和改进大学生思想政治教育的意见》中强调指出:"学生是十分宝贵的人才资源,是民族的希望,是祖国的未来。……加强和改进学生思想政治教育,提高他们的思想政治素质,把他们培养成中国特色社会主义事业的建设者和接班人,对于全面实施科教兴国和人才强国战略,确保我国在激烈的国际竞争中始终立于不败之地,确保实现全面建设小康社会、加快推进社会主义现代化的宏伟目标,确保中国特色社会主义事业兴旺发达、后继有人,具有重大而深远的战略意义。"

第三,培养学生的主体性是增强大学生思想政治教育实效性的需要。思想政治教育的内化外化规律告诉我们,自身内化作用形成的某些稳定心理比单向灌输或说教形成的记忆要稳固得多,有些会影响学生的一生,而内化的前提就是要充分尊重学生的主体性,给学生在接受思想政治教育的过程中提供自由判断、自由选择、自由摄取的空间。思想政治教育的主体性原则也要求我们,在思想政治教育过程中,必须充分发挥教育者和受教育者的主体性,必须培养和开发受教育者的主体性,如果不坚持主体性原则,"内化"过程就难以完成,思想转化也不能实现。可见,大学生思想政治教育是否能取得实效,一个重要的方面就是看是否充分发挥了学生的主体性,只有当学生主能动地配合教育者实施教学计划,能够平等自愿地用自己的思想观点与教育者交流，积极主动地提高自己的理论水平时，学生才能心悦诚服地接受思想政治教育，树立起科学的世界观、人生观、价值观。只有当学生能自觉地抵御不良影响，学会自我管理，学会自我教育，学会学做合一，才能增强大学生思想政治教育的实效。

第七节 大学生思想政治教育中诚信与合作的培养

诚信与合作是我国构建和谐社会主义，促进人文发展的核心价值体系，也是我国大学生思想政治教育对学生道德品质培养的基础标准，因此，本节针对大学生思想政治教育中诚信与合作的培养进行探讨，在了解诚信品质与合作意识的培养，在大学生思想政治教育中具有的重要性的同时，提出大学生思想政治教育中诚信与合作意识的培养的基本策略，从而为今后大学生思想政治教育更好地发展，提供一定的参考依据。

随着我国社会信息化的不断发展，社会中越来越多的诱惑无时无刻不在影响着我国高校大学生的诚信问题。诚信与合作意识是大学生立足社会必备的道德品质，作为社会发展中坚力量的大学生，其道德品质的缺失，势必会影响学生的健康成长与社会的进步。因此，大学生思想政治教育中，对学生诚信与合作意识的培养，是高校思想教育重要的组合部分，而如何在大学生思想政治教育中培养学生的诚信与合作意识，是所有高校教育应该重视的问题。

一、诚信与合作意识在大学生思想政治教育中的重要性

目前，我国社会发展需求表明，大学生诚信品质与合作精神的具备，是大学生社会生存和发展自我的重要标准。我国经济的飞速发展，令团队合作意识在人们日常生活与工作所占重要性加大。对于大学生而言，大学生思想政治教育中合作意识的培养，是提高大学生未来的工作效率、促进大学生事业发展、提高大学生人际关系的重要举措。激烈的竞争环境使企业以诚信作为选拔人才的基本条件，诚信作为我国传统的道德品质，对维系民族与社会发展具有重要的作用。所以，在大学生思想政治教育中培养学生诚信品质与合作意识，不仅保障了学生的未来发展，同时也推动了我国社会文明的进步。

二、大学生思想政治教育中培养大学生诚信与合作的策略

完善思政教育方式，树立大学生诚信品质与合作意识。在教育改革体系下，完善高校思政教育方式是培养大学生诚信与合作意识的必由之路。这就需要提高学校管理者及学生对诚信与合作意识培养的重视。首先，学校的领导和思政教师，应该注重自身形象的树立，通过提高自身文化道德素质的修养来引导学生诚信行为，并从生活中渗透合作意识，进而

达到言传身教的目的。

其次，在思政课堂上学校教育者可以结合实际案例进行教学。例如，在思政教育课堂上，教育者组织班级学生开展"自我批评、自我评价"或"我身边诚信的人"等活动，从而使学生明白诚信与合作的重要性，培养学会自我反省意识，为学生成为高素质人才打下基础。学校定期举办的诚信主题班会、座谈会、演讲比赛、征文活动等，在调动学生参与性的同时，加深学生对诚信与合作意识内涵的了解，引导学生树立正确的人生观和价值观。

加强大学生社会实践活动。"实践是检验真理的基础"通过实践活动，是理解理论知识最有效的途径，诚信品质和合作精神是我国传统美德重要组成部分，是自古以来形成的真理。因此，在大学生思想政治教育中，注重理论的同时，更应该将社会实践活动纳入教育教学中。例如，组织学生开展"拔河比赛团体赛"和定期开展"诚信待人公益活动"，使学生通过社会实践活动，学会诚信待人、宽容待人、团结集体，真正体会诚信品质与合作精神的内涵。

建立完善的思政教育体系。教育教学的有效实施，离不开完善的教育体系。在大学生思想政治教育中，教育体系的建立与完善，即信用体系的建立、评估体系的完善和奖惩机制的实施，是提升大学生的诚信品质与合作意识的重要条件。例如，学校根据学生在校期间的各种表现，建立学生诚信档案，将学生的诚信行为进行详细的纪录，作为评定大学生思想政治教育成绩的一项内容，可有效地管理并约束大学生的行为，使学生能够定期的了解并改正身上存在的问题，从而达到教育目标；而评估体系的完善和奖惩机制的实施，在提高学生对诚信与合作意识培养的重视程度的同时，有效地激励学生对自我日常行为的约束，提高大学生诚信度。

建立并监督诚信网络教育平台。互联网的应用与普及，不仅推动了我国教育教学体系改革，同时也在一定程度上为我国教育教学发展增加了难度。大学生作为应用互联网最大的群体，受互联网不良信息的影响无疑是最大的，因此，建立诚信的网络教育平台是解决这一问题的有效途径之一。例如，教师在思想政治教育教学课堂上应用网络科技技术进行讲解，在拓展诚信教育的同时，激发了学生对思政课的学习兴趣，有助于培养身心健康的学生。大学生对错综复杂的网络信息还不具备明确的辨别能力，这就需要在大学生思想政治教育中规范学生的网络行为，从而培养学生的诚信品质与合作意识。例如，高校利用校园网开展网上教学平台进行网络思政教学，在学生的日常生活中渗透诚信与合作意识的思想政治教育。

高校工作者在思想政治教育中，完善高校思政教育方式、建立大学生思想政治教育合理的教学体系、建立并监督网络平台诚信教育、加强大学生社会实践能力是对当代大学生诚信与合作意识培养的重要举措，有助于提高学生的自身修养和道德品质，为大学生今后健康成长提供保障的同时，为社会文明发展建设奠定基础。

第八节　思想政治教育视角下的大学生法制素养

实现依法治国的基本方略需要每位公民的积极参与，而大学生作为未来社会发展的主要力量，更加需要掌握各项法律知识，积极承担应尽的义务和责任，为建设新时代特色社会主义做出重要贡献。高校思政教育是帮助学生培养和确立正确的人生观、价值观和世界观的主要途径，同时也为学生法制素养的提升提供了很好的平台，本节在思想政治教育的背景下探究大学生法制素养的培养策略具有十分重要的现实意义。

一、法制素养的内涵

法制素养是指一个人认识和运用法律的能力。通常按照以下三种含义理解：第一，法律知识，指的是个人要理解和掌握法律的相关规定；第二，法律意识，指的是个人需要对法律具有敬畏和崇拜之心，当遇到问题时，能首先想到通过法律解决问题，能自觉遵守法律的判决结果；第三，法律信仰，即个人内心始终相信法律是全社会都遵从的至高无上的行为准则，具有该信仰的人属于法律认识的顶级阶段。一个人的法制素养往往通过以上几个方面表现出来，所以，想要成为社会上的高素质高技能人才需要学习法律，提升法制素养。

二、思政教育视角下大学生法制素养培养现状分析

根据我国依法治国方略要求，要将高校思政课堂作为传播法律知识、提升法制素养的重要途径。但是通过调查分析发现，现阶段的高校思政课堂还存在一些不利于提升学生法制素养的问题，主要表现在以下个几方面：

课程设置的不合理。思政课程改革后，《法律基础》《思想道德修养》就被合并为一门课程，虽然改革的目的是为了让大学生在掌握法律知识的基础上提高思想道德修养，但是这样的课程设置大大减少了学生学习法律的时间，令学生难以掌握法律中的重点内容。自2006年以来，《法律基础和思想道德修养》教材经过了几次修订，教材中的法律内容逐渐多于实体法律内容，这些理论性极强的部分对于高校非法律专业学生来说是晦涩难懂的，因此，教师想要在有限的时间内让学生完全理解这部分内容是困难的，这就导致学生难以构成系统的法律体系，也就难以培养学生的法制素养。法律基础是学生成长为合格公民的必要条件，通过相关调查分析发现：身处和平年代，学生的法律意识和掌握的法律知识相对薄弱，对于社会上一些现象级问题没有合理的理解和辨别，引起学生价值观、世界观和人生观出现问题，不利于学生未来的发展。课程设置不合理是造成学生思想政治水平和法律知识不足的基本原因，对于大多数教师来说，培养学生的法律素养需要具有合理的辅导书和教材，因此，在教授相关的课程时，教师要根据学生的特点准备相应的教学材料，

以提高学生的学习质量，弥补课程设置不合理对学生造成的影响。

缺少实践教学。目前，大多数高校思政课教师多为非法律专业或专业水平不强的教师。由于法律知识理论性较强，如果使用非专业的教师进行教学，教师难以将法律中的理论解释清楚，学生就更加难以理解，这样的情况也会造成学生学习兴趣的下降，从而失去学习法律知识的主动性。一方面，实践教学是提高增加法律常识提高法律经验的有效途径，通过实践教学，学生可以在提高思想道德修养的同时提高法律知识，对学生未来生活水平的提高都具有益处，据此课程教师应合理设置相应的实践教学活动，提高学生学习该门课程的积极性并有效地提高学生的专业水平；另一方面，《法律基础和思想道德修养》课程应该采用理论与实践相结合的形式，目的是让学生充分理解教师讲述的内容，但是在实际教育过程中，由于课时的减少，教师讲述基础理论的时间不够，实践教学只能流于形式，法律课程更是完全依赖于课堂中的理论教学，实践教学的时间几乎为零，这就导致学生虽然掌握了基础的法律知识，但是当在生活中遇到相关法律问题的时候，仍然难以依靠所学知识顺利地解决，从而打消了学生学习的积极性，降低了学生的学习兴趣。缺少实践教学对于学生提高思想道德修养和法律常识没有丝毫的益处，大学生在校期间对于理论知识的学习处于疲倦的状态，教师采用讲述理论知识的方法培养学生的道德和法律素养是不利于提高学生综合素质的方式，因此教师应采用合理的教学方式并设置相应的实践教学活动，鼓励学生利用学习过的知识分析问题，提高学生的法律素养，为学生未来的发展之路奠定坚实的基础。

课堂教学效果不理想。随着国家经济和综合国力的提升，人们的生活也在逐渐转好，由于当代大学生是伴随着丰富的物质生活成长起来的，在面对金钱和外来文化的诱惑时，其价值观和世界观会受到影响，通常表现为以自我为中心，功利心较强和心理承受能力低，这些都将严重影响学生未来的发展。高校的思政课程虽然是为了树立学生正确的人生观、世界观和价值观，但是教材中的思政和法律理论难以改变学生的思想，无法令学生真正意识到思想道德修养对于每个人的重要性，据此高校教师在为学生讲述相关的课程内容时应采用学生感兴趣的教学方法，令学生积极地参加课堂中的互动环节，使学生在互动的过程中掌握和理解学习过的知识，提高思想道德修养和法律素养；另外，大多数学校将这两门课程设置为必修课程，强制要求学生学习，虽然这样做的初衷是学生更好地接受知识，提升道德修养，但是由于教师的专业性差、教学内容枯燥，导致大部分学生难以接受课程内容，甚至出现了教师与学生将该课程视为一种负担，在学习过程中敷衍了事、得过且过的问题，没有达到提升学生的法制素养和思想道德修养的目的。学生与教师对待本门课程没有合适的态度，相应的课堂教学效果和教学质量很难得到提升，为了培养学生的法律素养，学校可定期举行相应的讲座，为教师树立正确的教学观念，引导教师通过合适的教学手段向学生传授知识；教师可通过学生喜爱的新闻和途径设置教学环节，令学生积极地参与其中且确保在教学的过程中，学生既能获取相应的专业知识，又能喜爱本门课程的学习，为学生综合素质的提升提供了有效的途径。

三、思政教育视角下大学生法制素养培养策略

将培养学生法制素养作为思政课程教学主要目标之一。自课改以来，高校使用的《法律基础与思想道德素养》教材中法律知识部分的内容就出现了删减，增加了更多的理论知识，减少了更多实际分析，这就令原本理论难度极大的法律知识更难被理解。依据我国依法治国的方略，每个人都需要具有较强的法律观念，为构建和谐的社会主义国家贡献力量。但是在实际生活中，法律观念弱的人占据了多数，这就要求每个人在学生阶段就打下坚实的法律基础。因此，高校将《法律基础和思想道德素养》作为学生的必修课程，这是一门集法律知识、传统文化和政治思想为一体的综合性学科，可以在加强学生法律基础的同时，提升学生的道德修养，所以，在教学过程中，教师应以培养学生的法制素养作为思政课程的主要目标之一，以习近平主席新时代中国特色社会主义思想作为思政课程的指导思想，为学生树立正确的道德观和法律观，帮助大学生成为德才兼备、适应社会的优秀人才。具体的教学方法是：教师在有限的时间内，设置具有趣味性和实践性的教学环节，如案例分析和场景重现的方法，增加学生的参与度，令学生感受到法律知识在生活中的重要性，从而提升学生的学习兴趣，培养学生的法制素养。法律素养对于在校大学生的影响较大，学生在学校期间获取足够的法律知识和相应的道德观念，未来在社会中生活才会顺利地成长，据此高校教师在开展本门课程时将培养学生法制素养作为思政课程教学主要目标之一是具有重要意义的。

加强教师课堂监测，强化大学生社会主义法律价值观念。大学生是未来社会的中坚力量，是促进社会发展的重要群体，因此，大学生的法制素养和道德修养决定着我国社会的进步程度。通过对多数高校的学生采访可知：目前高校的"思修"课程主要以教材为主，教师根据教材中的内容讲述理论知识，但是部分教师在进行该课程时采用要求学生自学的方式，这样的教学模式使得课程流于形式，既浪费了学生的时间，又浪费了教学的资源，所以，高校应该重点检查和控制任课教师在教学中的状态，以提高教学的效率和质量。换句话说，高校思修课程设置得不合理、教师教学课程时的不认真态度会导致学生难以提升法律观念和道德修养。对于大学生来说，时间和物质上的充裕会增加犯罪的风险，受到外来文化和各种观念的侵袭，学生的思想会发生一定的转变，如果不进行及时的教育，将会发生难以挽回的事情。所以，思想政治视角下学生的法制素养的培养要注重强化大学生对社会主义法律价值观念的坚定程度，高校要定期开展法律基础和思想道德修养的讲座，要求学生去参加并学习讲座中表达的内容；高校也可以组织学生去参加旁听法庭审判等实践活动，令学生感受到法治社会下人们生活的美好，从而坚定学生的社会主义法律价值观念。采用听讲座和积极参加实践活动的方式可有效提高学生的法律知识，树立正确的人生观和价值观，为学生指引正确的发展道路，促进学生未来的成长，充分说明思想政治教育视角下强化大学生社会主义法律价值观念的重要性。

多方式、多途径培养和提升大学生法制素养。研究数据表明：大多数高校思修课程采用以教师为主体、学生被动接受的教学方式，这样的教学方式可以帮助教师顺利地完成教学任务，但是学生的接受程度极低，令该课程的开展变得毫无意义，所以，想要在思想政治视角下培养学生的法制素养，就要采用多方式、多途径的教学方法，令学生感受到学习该课程的意义。例如，在讲述教材中的法律知识时，传统的教学方法是将教材的内容读一遍，教师在进行讲解，这样的方法过于枯燥，不利于学生学习。因此，在讲述该部分知识时，教师可以利用多媒体设备，将需要讲述的法律知识通过电影的形式展示出来，要求学生寻找和解决电影中出现的法律问题，这样的教学方式不仅可以令学生轻松的学习到法律知识，还能够提升思想道德修养；教师也可以带领学生进行案件的情景重现，教师与学生利用现有的道具，最大限度还原事件发生的过程，令学生在该过程分析问题并寻找解决问题的途径，这样具有趣味性的教学方式可以在教授学生基础法律知识的同时，培养学生的法制素养，提升学生的法律观念，为学生思想道德修养水平的提升打下夯实的基础。

综上所述，探究思想政治教育视角下培养大学生法制素养的策略是必要的。法律对于国家的长治久安具有重要的作用，只有每个人都具有较高的法制素养和道德修养，社会才会更快、更健康地发展。通过对思政教育视角下大学生法制素养培养现状分析可知，现阶段的高校在培养学生法制素养时存在课程设置不合理和缺少实践教学等问题，所以，本节结合实际，提出将培养学生法制素养作为思政课程教学主要目标、注重强化大学生对社会主义法律价值观念的坚定程度和多方式、多途径培养大学生法制素养的策略，希望可以在实际教学过程中为高校思政课管理者和教师提供参考。

第九节 大学生思想政治教育中大学生社会责任感的培养

新时代呼唤青年大学生要有强烈的社会责任感，要勇于担当国家和民族的复兴大任。然而由于社会的转型和各种网络思潮的不良影响，致使一部分大学生社会责任感弱化甚至缺失。本节就大学生思想政治教育进一步培养和强化大学生社会责任感的途径和方法做了初步探讨。

一、当前青年大学生社会责任感的现状

社会责任感是指个体对自身之外的他人、家庭、集体、国家和社会的生存与发展自愿付出劳动和智慧的使命感。社会责任感是新时代青年大学生成才与发展的必备品质和基本素养。大学生作为社会的一员，在其成长成才的发展过程中得到家长、老师、学校、社会的呵护与培育，在他们走向社会以后，理应承担相应的社会责任，积极地为社会创造财富，满足国家和社会不断发展的需要。

应当说，当代大学生的社会责任感主流是积极正面的，但是，由于社会转型时期多元价值观的渗透冲击、网络媒体部分领域的监管缺位，再加上长期以知识目标为中心造成的中小学情感教育的弱化、以自我为中心的家庭教育的偏差以及大学生自身主体性缺失等因素的影响，目前部分大学生社会责任感明显淡化甚至缺失。主要表现在：以自我需求为中心的自私自利，只知单向索求，不知感恩回报；公民意识淡薄，缺乏社会认同感与归宿感，缺乏对国家与社会的责任担当；重视物质享受而忽略义务履行，重视个人利益而忽视集体利益等。现在网络上出现了一个新名词——"佛系青年"，指的就是部分90后青年在工作、学习中积极主动性差，缺乏社会责任感，一份外卖、一部手机，几部游戏，就乐哉！优哉！

二、大学生思想政治教育中培养大学生社会责任感的途径

青少年社会责任感的培养与强化是一项系统的社会工程，需要国家、学校、家庭、社会等各方面的力量共同参与，以形成教育合力，来促进青年一代的健康成长、成才。大学生辅导员面对进入大学学习阶段的青年学生，在思想政治教育中至少可以从以下几个方面来强化大学生的社会责任感：

始终坚持社会主义核心价值观的思想引领作用。"富强、民主、文明、和谐，自由、平等、公正、法治，爱国、敬业、诚信、友善"的社会主义核心价值观，分别从国家、社会和个人三个层面阐述了社会主义的价值取向和价值规范，社会主义核心价值观是引领全国各族人民实现中华民族伟大复兴的必然选择。大学生的社会责任感本质上还是一种价值选择，通过社会主义核心价值观教育，让学生意识到个人对家庭、国家、民族、社会有着主体的担当和义务，从而形成正确的价值观和人生观，并自觉生成社会责任感。

引导鼓励学生积极投入社会实践。通过专业实习、社区服务、扶贫支教、爱心助老、勤工助学等形式引导学生积极投入社会实践，增强他们回馈社会的服务意识，并在社会实践中进一步强化他们的社会认同感。

充分挖掘悠久传统文化中的积极教育资源。中华民族有着五千年的历史文化，我们要充分挖掘历史文化中的有效教育资源来服务新时代的大学生思想政治教育。例如，积极弘扬传统的孝文化，培养社会责任感从孝敬父母回报家庭开始。与孝文化一脉相承的还有忠文化，我们当然要抛弃封建社会的忠君思想，但是对国家和民族的忠诚与奉献，却始终是我们要遵循和弘扬的。

正确引导学生及时参与对社会热点、焦点问题的思考和讨论。积极关心国家的发展和民族的命运，增强大学生的公民意识，激发他们的报国热情。

重视在社团、班级、宿舍、学习小组等微环境中培养大学生主体意识。针对当前一部分学生缺乏主体性的情况，充分调动学生积极性，引导他们主动参与社团、班级、宿舍、学习小组的管理，做到人人有责、人尽其责，逐渐增强其公民意识和主人翁责任感。

第十节 大学生辅导员思想政治教育中学生心理接受能力的培养

大学是大学生走向社会的一个重要的过渡期，辅导员是大学生思想政治教育的重要力量，在大学生社会化的过程中发挥着不可替代的作用，但是，当前辅导员思想政治教育中方法缺乏有效性，更多的是说教式的思想政治教育，容易引起学生的排斥心理。本节探讨大学生辅导员在思想政治教育中学生心理接受能力的培养，为高校大学生的思想政治教育提供更多的参考依据，对于大学生正确的世界观、人生观、价值观的形成具有重要的意义。

一、大学生辅导员思想政治教育中，大学生心理接受的影响因素

接受主体。接受的主体，在本节研究中即高校大学生，是影响心理接受的一个关键的因素。接受过程是接受主体对教育者所传达的教育知识的反应、理解、解释、整合、内化、外化及运用的复杂过程，接受主体原有的知识经验、认知结构不同决定着接受主体选择接受信息的方向、范围和性质等，而接受主体原有的分析问题、解决问题的方式、内在需求动机、接受的心态等等都能影响到大学生的心理接受的程度。

接受客体。大学生作为接受主体在接受过程中起着关键的作用，但是我们也不能忽视其他方面的内容——接受的客体信息。接受的客体信息，是与接受的主体密切相关、仅次于接受主体的内容，这些内容联同主体一起被纳入需要大学生接受的内容。客体内容的不同能够引起接受客体最初的不同接受意愿、反应和表现。

接受的中介及环境。接受中介即将客体与主体相互连接、相互作用、相互影响的所有因素，是客体信息传递的载体和途径。大学生思想政治教育的接受的中介有很多元素构成。比如大学生平时所接触的老师、同学、朋友以及电视、报纸、广播、互联网、杂志等媒介产品。接受环境是大学生所处的各种外部客观环境，比如学校环境、社会环境、自然环境、家庭环境等。接受环境的对思想政治教育的影响是无形的、潜移默化的，而接受中介的多元化，也使大学生的思想政治教育面临着更大的挑战。

二、大学生对高校的思想政治教育的接受现状及特征

第一，教育主体说教式的单向教育方式，缺乏同理心及创新性。目前大学生辅导员采取的思想政治教育方式，还是比较单一的"说教式"，对于大学生而言是简单的传递——接受的学习模式，这种教育方式即使题材再好、内容再丰富，也难以引起更多学生的共鸣，主要原因是教育方式缺乏创新性以及同理心沟通。同理心，指站在对方立场设身处地思考的一种方式，在互动过程中，能够体会他人的情绪和想法、理解他人的立场和感受。在大

学生辅导员的思想政治教育过程中,同样需要同理心,在理解学生心理需求、心理意愿的基础上进行的教育,更能产生共鸣。

第二,接受主体存在抗拒心理。在高校的思想政治教育过程中,存在着比较明显抵触和叛逆心理,表现为大学生的一些与教育期望相背离的情绪和行为倾向,比如对思想政治教育内容、教育过程的排斥、反感以及抵触甚至是对峙的一些反应和行为。抗拒心理的产生,可能是思想政治教育让大学生感受到了自己原来认可的行为、情感被予以否定或需改变,感受到某些方面的自由被剥夺或者来自成长的痛苦而自发产生的一种抗拒心理,是保护自我或表现自我的一种表现。

第三,接受主体内部需求动机不足,主观能动性缺乏。思想政治教育的过程是内化和外化的过程,即将社会发展所需要的思想政治知识,内化形成个体新的认识、情感、意志、能力等内在品质的过程,同时将新知识用于行为和实践,学以致用,将这些内在品质用于认识世界和改造世界的过程,这样的一个教育过程,受到学生的学习动机,比如学生的努力程度、学习的需求程度的影响。在当前大学生辅导员思想政治教育过程中,大学生往往是根据自身的需要而选择相关教育信息,大学生的内部需求动机不足,他们对客体信息的接受可能更多的是由于学校纪律、管理制度的压力而被动接受,这严重影响了思想政治教育的效果和质量。

第四,接受主体的个性心理特征表现明显。当代大学生大多是90后和95后,他们个性突出,有自己独立思想、意识、情感和认知,以及独立的判断力和理解力,不局限于循规蹈矩,不满足于现成的条条框框,敢于冒险和创造。朱卫嘉等研究表明,在创造人格、新环境中的成长能力因素上90后大学生比80后大学生更为优秀,敢为性更高,他们会通过自己的思考和判断形成自己的价值观念和价值取向,因此,现有的思想政治教育必须结合他们的个性特征来充分发挥教育实效。

第五,多元化、快餐式的网络文化环境,接受环境更为复杂。随着网络时代的到来,人们可以通过很多渠道获取各种丰富的信息。多元化的网络文化的传播,在一定程度上也助长了不良信息、虚假信息的传播,心智还未成熟的大学生,还不能进行有效的鉴别;同时快餐式的网络文化阅读方式,只是通过事物的表面去观察事物,在短暂的时间内了解大量的信息,学生不求甚解,缺乏思考和对知识的吸收。面对复杂的接受环境,给高校的思想政治教育带来更多的困难和挑战。

三、大学生辅导员思想政治教育中,学生心理接受能力的培养策略

第一,注重教育主体的感染力和人格魅力的塑造,润物细无声。"师者,所以传道、授业、解惑也",辅导员在大学生的思想政治教育中扮演着重要的角色,是学生学习的引导者和促进者、行为规范的示范者、学生成长的合作者。辅导员良好的性格特征、高尚的品质、富有吸引力的人格特点、言谈风趣幽默、表情丰富会给学生带来美的享受,使学生

产生"崇拜感"，在潜移默化中受到熏陶。

第二，共性与个性相结合的教育方式，以人为本，因材施教。当代大学生具有明显的个性心理特征，如果采取千篇一律的教育方式，必然会影响学生的心理认可度，尤其是传统的说教式、单向输出式的教育方式，甚至会引起学生的抵触。大学生辅导员的思想政治教育，必须在充分认识学生个性特征的基础上，采取共性和个性相结合的教育方式。教育要有针对性，根据不同学生的兴趣特点、个性特点、接受知识的特点等采取不同的教育方式，充分发挥学生的潜能，因材施教，提高知识传授的吸收效果。

第三，激发学生学习的内在需求动机。

创新教学方法，构建情境，引导学生进行"有意义的学习"。在思想政治教育活动中，教师要将自己定位为教学过程的组织者、引导者、意义建构的促进者，引导学生建构真实情景或生活情境，在体验学习中发挥自己的主观能动性，从而更深刻、更牢固地掌握所学的知识。

及时有效反馈学习效果，适当运用鼓励和表扬，强化学生学习行为。恰当地把握反馈时机，将学生的学习效果及时反馈给学生，能够让学生了解自己的不足，寻求提高办法，加强学习动力，同时看到自己的进步和优势，增强信心；在反馈时适当地鼓励和表扬，能够激发学生自我实现的需要，激励学生再接再厉，强化学生的适当行为。

引导归因，提高学生自我效能感，激发学习的内部诱因。学生对于成败的归因，往往受到个体的个性特征、当时情景以及主观因素的影响，消极的自我归因倾向，会影响学生的自我效能感，长此以往，会产生"习得性无助"，因此，必须引导学生做出正确的归因方式，提高学生的自我效能感，获得成功体验，从而激发内部学习动机，培养学生学习热情。

第四，善用网络资源，创设校园文化氛围，优化接受环境和媒介。思想政治教育的内容本身有些是比较枯燥、乏味的，而且与学生原有的知识经验和认知结构是有冲突的，将冲突的新知识内化为自己的思想道德品质，在面临改变和成长痛苦的前提下，学生会失去主动学习的兴趣，甚至是阻抗心理。良好的接受环境和媒介，能够打造接受客体信息吸引力、魅力、新颖度。网络时代的到来提供了很好的知识传递新途径，而校园文化氛围的创设，能够陶冶学生的情操、启迪学生心智，无形中影响着学生的心理接受程度。

第五，紧扣教育主题，搭建彰显个性的教育平台。在不脱离教育主体的前提下，可以搭建各种能够展示学生个性的教育平台，让学生的个性能够得到充分的发挥，比如诗歌朗诵比赛、歌舞比赛、假期实践、动手实践、素质拓展活动等丰富多彩的活动以及教育形式，从而大大提高学生的参与程度。

第四章 新时代传统文化与大学生思想政治教育融合的理论

第一节 中国传统文化融入大学生思想政治教育的意义

"传统是人类行为、思想和想象的产物,并且代代相传。"传统文化是指汇集一个民族文化,反映民族特质和风貌并流传下来的民族各历史发展阶段的思想文化、观念形态的文化。所谓中华优秀传统文化,是指中华民族发展历史上不断流传下来的独具民族精华、精神及气魄的共同精神和价值内涵,起着积极作用,能够促进社会进步和民族发展。

一、中国传统文化融入大学生思想政治教育,培育新时代"四有"新人

"有理想"。当代大学生在实践过程中形成对未来社会和自身发展的美好向往和追求,以及对未来的憧憬,期盼着能够满足自身发展的物质和精神的需求,亦是前进的动力源泉。从社会层面上而言,孔子的理想世界是出自《礼记·礼运》的"大同世界"没有战争的和平天下,人与人之间没有欺骗,彼此以诚相待,互相爱护。从个人层面上而言,大学生的理想是每个人的人生追求,大学生要有儒家成贤成圣的理想抱负和人生情怀,大学生的个人理想是社会理想实现的基石。

"有道德"。中国古代圣贤主张"德治天下""辅以仁政",重视伦理道德品质的教育和自我修养的提升。当代大学生在成长的过程中不断地认识自己、认识世界,通过完善自己及构建相对稳定的人生观、价值观、世界观,塑造具有个人特质的人格、信念、志向、情趣、道德。一个人无法脱离社会现实世界而独立存在,正如马克思所指出的:"人的本质并不是单个人所固有的抽象物。在其现实性上,它是一切社会关系的总和。"所以透过一个人的行为举止言谈,可窥探在这个人所生活的局部世界的面貌,每个人是否履行社会职责、是否遵守伦理道德规范、是否坚守内心的道德底线,可清晰地反映出这个人的道德素质。当代大学生需要社会这个大环境来锤炼道德品质,提升道德素质,首先需要汲取中国传统文化中伦理道德文化的精髓,将道德内化于心,共创具有中国特色社会主义的美丽中国。

"有文化"。中国古代文明从古至今世代相传,不同时代我们通过不同渠道传播优秀

传统文化，将优秀传统文化根植于内心，约束自己的行为，真心实意地为别人着想的内心修养。学习钻研古代经典典籍，汲取优秀传统文化积极内容，为当代大学生树立高度的文化自信，奠定良好的文化基础。《周易大象传》中"天行健，君子以自强不息；地势坤，君子以厚德载物"。引用"自强不息"鼓励大学生勤恳做学术、踏实做学问；"厚德载物"要求大学生践行古老文明"有容乃大"的胸怀，修行君子的品德，没有文化的积累是无法将道德品质内化于心的。正如习总书记在十九大报告中所说的："文化是一个国家、一个民族的灵魂。文化兴国运兴，文化强民族强。没有高度的文化自信，没有文化的繁荣兴盛，就没有中华民族伟大复兴。"传统文化孕育了中华民族5000多年的文明，作为新时代的接班人，我们肩负将古老文明代代相传的使命。

"有纪律"。纪律即人们的行为规则，中国传统文化中规则即是"礼"，是一种社会意识观念，古老文明中"礼仪之邦"的"礼仪"是指人们日常生活的行为规范。纪律是人们长期的共同生活中所共同遵守的行为规范，"礼"作为规范，要求当代大学生尊"礼"，以此来约束自己的行为、规范自己的行为。中国传统文化融入思想政治理论课中，让道德规范更好地发挥作用。古人云："离娄之明，公输子之巧，不以规矩，不能成方圆。"做任何事情若无规则，则一事无成，当代大学生必须明确道德约束行为，切记不可偏离人生轨道，共建和谐美丽的中国。

对当代大学生进行中国优秀传统文化教育，把大学生培养成"有理想、有道德、有文化、有纪律"的"四有"新人，更好地弘扬中国优秀传统文化。高等教育思想政治理论课是以马克思主义理论为指导，对大学生理想信念道德进行爱国主义教育、法律意识教育、思想道德修养教育、中国近代史教育，建立哲学思维体系，引导大学生完善自我人格道德修养，培养大学生辩证看待传统文化的思想精髓，提升大学生创新能力，培养与时代相契合的大学生。

二、中国传统文化融入大学生思想政治教育的意义

中国历朝历代都非常重视教育，这也是中华民族五千多年灿烂文明得以延续发展的依托，在教育的漫长发展过程中，形成了与每个时代独具特色的教育模式和教育理念，同时也呈现了一批批伟大的教育学家和思想家，他们将丰富的教育经验应用到实践中，使受教育者受益匪浅，并将优秀文化代代传承下来。当今的教育是传统文化的继承和发扬，培养什么样的大学生、怎样培养大学生，是高校开展思想政治教育理论课的重大课题。

有利于完善大学生自我人格道德修养，为社会缔造栋梁之材。儒家讲求修身为先，方能实现齐家治国平天下之愿景，从孔子、孟子直至朱熹理学，都将"做人"及"仁爱"之心放在首位，这个世界不是坐拥财富和权势而珍贵，而是因你拥有内心高尚的道德品质及精神而珍贵。教育无论在古代的中国还是现代的中国都是治国安民的首要，对个人而言，个人思想是否与社会主流思想相一致，是人本身适应社会，被社会所容纳的根本；对社会

而言，与社会和国家发展方向相一致，是促进社会发展进步的"小细胞"。知识孕育着无穷的力量，也是文化力量的延续，当代大学生在课堂中是受教育的主体，思想政治教育理论课是传授的载体，与时代发展相结合，是当代中国高等学校教育的宝贵资源。

有利于提升大学生的创新性思维能力，为社会发展提供不竭动力。创新是发展的灵魂，世界呈现多元化、多极化发展，面对全球竞争的激烈化，大学生肩负着不可推卸的社会责任，将自己所学的文化知识转化成动力，激发大学生自主学习潜能，发挥大学生的创新性和主动性，这也正是思想政治教育理论课教育的实质。古人云："疑乃觉悟之机，小疑则小悟，大疑则大悟，不疑则不悟。"大学生通过开设课程学习理论知识的同时需要有怀疑的精神，辩证地看待事物的发展，汲取传统文化中积极的部分，结合现时需要，建立创造性思维，打破原有模式，在发展中创新，从而更好地将我国优秀传统文化推向世界。我们文化自信的资本是博大精深、灿烂辉煌的中华民族优秀传统文化，传统文化中优秀的因子，与现代教育的契合，使得大学生更好地实现创新能力，为实现中华民族的伟大梦想"中国梦"而努力，这不仅是当代大学生思想政治教育理论课的新内容，也是中国人共同的追求。

以中国优秀传统文化为核心的思想政治教育理论课，我们将积极和精华应用在教学中，以大学生为主体，传承并发扬传统文化的基本精神。"中华文化源远流长，积淀着中华民族最深层的精神追求，代表着中华民族独特的精神标识，为中华民族生生不息、发展壮大提供了丰厚滋养。"中国优秀传统文化与思想政治教育有机融合是学科建设的重大创新，文化有支撑理论的功能，也符合思想政治教育理论课的内在需要，提升大学生道德素质，彰显思想政治教育的人文关怀和人文价值，最终实现人的全面而自由的发展。

第二节 中国传统文化与大学生思想政治教育的关系

大学生是国家宝贵的人才资源，是民族的希望、祖国的未来。要使大学生成为中国特色社会主义事业的合格建设者和可靠接班人，不仅要大力提高他们的科学文化素质，更要大力提高他们的思想政治素质。

由此不难看出：高校在注重培养大学生文化修养的同时，更要加强对他们的思想政治教育。尤其是改革开放以来，面对经济全球化、文化多元化的冲击，很多大学生在思想意识领域存在认知偏差——价值取向、行为方式、思维模式等都发生了巨大改变，以"自我"为中心，理想信念薄弱，价值取向偏移，道德规范自制力差，优秀的先秦儒家文化精神在大学生群体中集体缺失。鉴于以上问题，有必要从多个方面和渠道纠正大学生的错误认识，帮助他们树立正确的价值观和人生观，进一步确保高校思想政治教育工作的实效性。

一、大学生思想中普遍缺失先秦儒家文化精神

在市场经济迅速发展的今天，当代大学生拥有优越的物质生活条件，这使他们在价值观和生活方式上有多种选择，同时也制约着他们的成长。正是这种现代生活方式的影响，导致先秦儒家文化在他们的观念中逐渐弱化，大多数学生对于先秦儒家文化的认识和理解仅仅是粗浅的、片面的。

首先，当代大学生由于受各种社会思潮、负面信息和宽松言论环境的影响，过分强调自我价值的实现，团结合作意识差，缺乏社会责任感，更有一些大学生由于独生子女的优势对自我过分关注，甚至以自我为中心，对父母、他人、社会的要求高而多，权利意识强而义务感、责任感弱。大学生犯罪事件频频发生，他们的极端做法反映出当代大学生不懂得如何处理与同学、教师之间的关系，他们总是站在利己主义的立场上看问题、做事情，从不考虑自己是社会大家庭的一员，需要承担相应的责任与义务。

其次，随着社会主义市场经济改革的深入，大学生的价值观取向较以往发生明显变化，越来越多的大学生在社会本位与个人本位的价值冲突中，倾向于选择后者，即个人本位，这也成为他们为人处世的重要原则，而这种个人本位的价值观核心是个人主义，强调个人的利益，以个人的自我追求为中心。所以，像大公无私、乐于助人这类优良品质在当代大学生身上体现得越来越少。在很多情况下，他们讲付出，更讲回报；在义利观上，虽然有很多学生认同"君子言义不言利"，但在实际行为中，他们还是透露着"义利统一"的价值选择，更有少数学生见利忘义，甚至为金钱失去做人的基本底线；在理想和现实的关系上，大学生更加关注现实、讲求实效、注重实利。

再次，由于应试教育的弊端和受社会不良风气的影响，大学生群体中存在着严重的诚信缺失现象。比如，恶意拖欠学费、用虚假材料骗取助学金、考试作弊、剽窃论文、伪造个人简历、篡改成绩单、擅自违约等。

最后，由于社会因素和个人因素的影响，大学生在心理健康方面出现了许多问题，比如，大学新生入学以后，面对新的学习生活环境，独立自主性差，容易产生理想与现实的心理失衡，出现失落、焦虑、紧张等心理状况；部分大学生不能正确处理与教师、同学之间的关系，造成人际关系紧张，长此以往势必影响专业学习，甚至引发对教师、同学的敌视和报复心理；也有一些大学生心理承受能力较弱，抗挫抗压能力较差，在困难和挫折面前，容易出现焦虑、烦躁、痛苦等不良心理问题。

二、先秦儒家文化蕴含的思想政治教育内容

先秦儒家文化作为中国传统文化的重要组成部分，经过几千年的继承与发展，已经形成中国文化的基本精神，将之作为优秀的教育资源，融入当前大学生思想政治教育工作中，有着重要和深远的现实意义。

（一）"天下兴亡，匹夫有责"的爱国主义精神和历史使命感

国学大师季羡林在《沧桑阅尽话爱国》一文中提到"中华文化的精髓何在？我自己的看法是有两点：一个是爱国主义，一个是讲骨气、讲气节，这两点别国不能说没有，但是中国最为突出，历史也最长。"由此不难看出，爱国主义自始至终都是贯穿于中华民族兴衰的历史长河之中，激励着一代又一代人为国家的发展壮大殚精竭虑，甚至献出宝贵的生命。

孟子曾说，爱国乃"人之大伦也"；岳飞在抗金洪流中的"精忠报国"的高尚情怀；文天祥面对敌人时的"留取丹心照汗青"的坚毅品格；范仲淹考虑民族大义时的"先天下之忧而忧，后天下之乐而乐"的忧思之情；林则徐阻击外国列强时的"苟利国家生死以，岂因祸福趋避之"的铮铮铁骨；周恩来在民族生死存亡时的"为中华之崛起而读书"的鸿鹄之志，所有这些都体现着中华儿女的爱国主义精神。

在新的历史时期，高校思想政治教育要适时增加这种爱国主义教育，使由这种爱国主义而产生的凝聚力、向心力潜移默化地浸润学生心田，让大学生在为自己的未来努力奋斗之余，时刻不忘国家的命运与自己的发展有着紧密联系，自觉将自己的思想和行为比照先人前辈，以全新的方式演绎这种民族精神。

（二）"刚健有为、自强不息"的积极进取精神

学者张岱年在概括中国传统文化的基本精神时，曾借用《周易》里的两句话来表达，即"'刚健有为''自强不息'"。这两句话则是先秦儒家文化智慧的结晶，旨在鼓励人们在人生的道路上要有一种奋发有为、自强进取的拼搏精神，这对加强青年大学生的理想信念教育、树立正确科学的人生观具有一定的引导和启迪作用。

其实，先秦儒家文化经典中类似这样的话语，比比皆是。《礼记·大学》讲"苟日新，日日新，又日新"。《易传》上说："穷则变，变则通。"又说："刚健笃实辉光，日新其德。"孔子说："三军可夺帅也，匹夫不夺志也""士不可以不弘毅，任重而道远"。《论语》中也指出，"发愤忘食，乐以忘忧，不知老之将至云尔"。《孟子·告子下》说："天将降大任于斯人也，必先苦其心志，劳其筋骨，饿其体肤，空乏其身，行拂乱其所为，所以动心忍性，曾益其所不能。"此外，上古时期的神话传说"精卫填海""夸父追日""大禹治水"等，都是对这种奋发进取精神的礼赞。

在改革开放、发展市场经济的今天，面对激烈的社会竞争和复杂的社会局面，新时代的大学生不仅需要有这种积极进取、自强不息的精神来抵制腐朽思想的侵蚀，还要重视优秀传统文化的力量，以思想引领行为，克服自己成长、成才道路上的一切艰难险阻。

（三）仁义正直、舍生取义的伦理道德观

先秦儒家文化的核心内涵就是人伦道德思想，简言之，即传统道德思想和人格修养。它以"仁爱"为标准，重视人的尊严和价值，重视人格完善。

孔子提出"仁者爱人""推及人""己所不欲，勿施于人""己欲立而立人，己欲达而达人""有杀身以成仁，无求生以害仁"。孟子说："杀身成仁，舍生取义""爱人者，人恒爱之；敬人者，人恒敬之""富贵不能淫，贫贱不能移，威武不能屈"。这些都透露出怎样做人的伦理精神，对培养受教育者高尚的道德情操和完善的人格修养有重要指导作用。

先秦儒家认为加强道德修养的方法是"内省""自省"。曾子说："吾日三省吾身，为人谋而不忠乎？与朋友交而不信乎？传不习乎？"孔子曰："见贤思齐焉，见不贤而内自省也。"孟子则提出"反求诸己"的思想。其实，这些都是在强调通过反省自身的过错，检讨自己的行为过失，并及时改正错误，相当于现代人提倡的多做自我批评。当代大学生个人良好品德的形成，需要这种"自省"精神，严于律己，"勿以善小而不为，勿以恶小而为之"。

所以，当前大学生思想品德教育过程中，要将中国社会传统伦理道德观念引入青年大学生的自我教育内容中，从而将道德认识自觉转化为道德实践，进一步矫正他们失范的行为举止。

（四）以和为贵、和而不同的新型人际关系

千百年来，中国社会历来非常重视人际关系的和谐。以孔子为代表的先秦儒家文化先哲提出："君子和而不同，小人同而不和。"孔子的弟子有若说："礼之用，和为贵。"这些实际上是在讲，我们在面对人们不同的观点、意见时，要保留自己的意见，学会顾全大局、求同存异。而这也是源自孔子的"仁爱"思想，可以说，以"仁"为核心的道德准则，已经成为当今人们普遍认同的处理人际关系的基本准则。它要求我们对待他人要怀有一颗包容同情的仁爱之心，对待自己要严格要求、善于内省。在人与人的交往相处中，要学会关心他人，本着友善、宽容的态度去对待别人，自己立身修德，也要让别人立身修德；自己通达事理，也要让别人通达事理；自己不愿意做的事情不要强迫别人去做。当下，大学生受西方文化思想的影响，在处理人际关系时过于强调自我，喜欢独处，不愿与同学交流，集体意识淡薄。所以，当前的大学生思想政治教育工作，要汲取传统的养分，借助先秦儒家文化的教育资源，让大学生学会正确处理与他人、与社会的关系，为大学生日后更好地适应社会发展、建设和谐社会贡献自己的力量。

三、先秦儒家文化在大学生思想政治教育中的实施路径和模式建构

中国传统文化经过时间的积淀，逐渐发展成代表中国的特殊文化符号，其中积极的、优秀的、精华的部分，包括先秦儒家文化在内，在历史的传承中也已然成为中华民族精神的象征。从中国传统文化入手，特别是利用先秦儒家文化，改革创新大学生思想政治教育具有重要意义，是每个思想政治教育工作者都应高度重视的一个课题。

(一)以"中国梦"为教育主题,开展丰富的校园文化活动,提高大学生对先秦儒家文化的兴趣

2012年11月29日,习近平同志在参观《复兴之路》大型图片展时首次提出"中国梦"。"中国梦"对于当代大学生来说,实际上是广大青年学子的强国梦、成才梦、幸福梦,以此为主题的教育实践活动迅速在校园里开展起来。这无疑把高校德育工作推向了另一个高度,给大学生思想政治教育注入了新的活力与内容。"中国梦"与先秦儒家文化有着千丝万缕的联系。金元浦在《"中国梦"的文化源流与时代内涵》中指出:中国梦彰显了中国主流文化精神(刚健有为、自强不息与和而不同)。这些主流文化思想都源自先秦儒家文化思想精髓,所以,依托先秦儒家文化思想来影响在校大学生的思维模式、行为方式和价值取向,与以"中国梦"为主题的教育实践活动,在方法上有异曲同工之妙。

当代大学生虽然也意识到中国传统文化的重要性,但并不喜欢对传统文化的那种说教式讲学,所以,我们在对大学生进行先秦儒家文化教育时,要避免脱离实践的"坐而论道",应注重培养其兴趣和爱好,在大学生中开展富有传统文化内涵的校园活动,以增强教育的有效性和吸引力。

我们可以通过定期邀请"国学"名师、专家开展系列讲座,指导学生阅读先秦儒家经典著作;组织大学生开展体现先秦儒家文化的优秀古诗词朗诵比赛、历史事件演讲、中华经典美文诵读等活动;成立各种话剧社、曲艺或戏曲社团,通过学生自编自演的节目引起大家对先秦儒家文化的兴趣。这些活动可以让学生在活动中感受先秦儒家文化的博大精深,做到知行合一,进一步提升学生的道德品质,培养学生高尚健全的人格。

(二)推动先秦儒家文化进课堂、进教材

课堂是大学生接受教育的主要场所,将先秦儒家文化融入思想理论政治课和选修课,是快速提高大学生道德修养的重要途径。

在高校思想政治理论课的教学内容上,要扩充先秦儒家文化分量,要把先秦儒家文化知识与大学生关注的热点和难点结合起来,与高尚情操的陶冶结合起来,借助先秦儒家文化提高大学生在现实生活中对真善美、假恶丑的甄辩能力,通过深入浅出、循循善诱的教学,进一步使先秦儒家文化入脑、入心;在教学方法上,充分利用现代教育技术,采取学生乐于且易于接受的方法,比如分组讨论、情景模拟、主题演讲等,让学生在愉快的氛围中对先秦儒家文化有深刻的认知,促使其自觉学习中华民族的传统美德。

除此之外,我们还可选派精通传统文化的教师主讲《大学》《中庸》《论语》《孟子》《诗经》《周易》等经典著作,开设诸如《中国传统文化概论》《中国伦理学》《先秦诗歌欣赏》等选修课,举办百家讲坛式的文化名人讲堂、传统文化学术报告,让大学生在多样的视听感官享受中,体悟先秦儒家文化的独特魅力,涤荡灵魂和精神上的瑕疵与污垢。

（三）利用网络，拓展先秦儒家文化教育的途径

当前，社会已步入信息高度发达的互联网时代，网络日益成为人们交流学习的重要渠道，高校要充分利用这一现代传媒手段，进行大学生思想政治教育，牢牢把握思想政治教育的主动权，而先秦儒家文化与大学生思想政治教育的结合，也可借助这一平台实现新时期大学生思想政治教育模式的创新。

第三节　大学生思想政治教育中传统文化的渗透及价值

本节首先分析了大学生思想政治教育中传统文化的价值体现，阐述了传统文化有利于提高大学生的人文和思想道德素养、大学生思想教育工作的渗透力和感染力、大学生社会主义核心价值观念的培育和践行等方面的作用，然后说明了目前大学生政治思想教育工作中存在教育主体没有充分认识传统文化、政治思想教育和传统文化融合度较差，以及大学生政治思想教育中传统文化渗透教育方式单一等问题，最后根据这些问题全面总结了目前的大学生政治思想教育工作中应该在课堂教学中融入传统文化、在大学生思想教育实践活动中融入传统文化、在校园网络中融入传统文化等措施，旨在为大学生政治思想教育工作中传统文化的渗透提供理论基础，全面提升大学生的思想道德和文化素质。

一、大学生思想政治教育中传统文化的价值体现

（一）有利于提高大学生的人文和思想道德素养

人的素质是经过文化渗透和教育工作不断完善和丰富的，人文素质教育和思想道德素质教育工作是大学生思想政治教育工作中的重点，对大学生走向社会的发展具有重要的意义。中国优秀的传统文化中许多瑰宝，大学生学习中国优秀传统文化有利于提升学生自身的人文和思想道德素养，提升学生的自身修养。例如，中国传统文化中的"天行健，君子以自强不息"，这句话中包含了对人生的追求，体现的是一种奋勇向上的不断求索精神，是现代化都市人们工作所缺乏的一种精神，所以在大学教育工作中，施行自强不息的教育工作，对即将踏入社会的大学生具有重要的引导作用，对他们的职业生涯发展具有重要的指引作用。中国的优秀传统文化不仅仅是这一点，还有许多其他的传统文化，对大学生的职业生涯发展都有促进作用，这些优秀的传统文化经过几千年的不断发展，逐渐沉淀，不断传承与创新，和现代化社会的发展与进步相互融合，能够适应社会发展的变迁，特别是在现代化社会生活中，经济、政治以及文化生活中都受到来自传统文化的影响，在大学利用传统文化施行大学生的思想政治教育工作，学生在潜移默化中受到传统文化的熏陶，能促进自身素养的提升。

（二）有利于提高大学生思想教育工作的渗透力和感染力

在经济全球化的时代背景下，国外的一些思想和价值观念已经逐渐渗入中国，对大学生的思想也存在着一些影响作用。中国优秀传统文化具有丰厚的底蕴，思想文化教育内容丰富，有利于促进学生全面思想的提升，可以被作为大学生思想教育工作开展的主要文化依据。在大学生的教育工作中融入传统文化，使教育工作更具有说服力，提升教育工作的感染力。例如，大学生在接受爱国主义教育时，在其中加大对传统文化德育工作内容的学习，并且在学生的生活和情感中注入传统文化的魅力，让传统文化的影响更加具有说服力，在潜移默化中受到来自传统文化的熏陶，在思想教育工作中融入传统文化，也会提高思想政治教育工作的成效，学生在传统文化的影响下受到更好的文化传承和品德教育，促使大学生思想政治教育渗透力的提升。

（三）有利于大学生社会主义核心价值观念的培育和践行

大学是学生接受文化和知识学习的重要场所，当代大学生进行社会主义核心价值观念学习是一项基本的任务，在大学生的思想政治教育工作中融入中国传统文化，对德育工作的深度内涵施行深度挖掘，结合现代爱国主义精神的发展，有利于培养大学生的爱国情怀。大学生思想政治教育工作中对大学生的教育开展是一项重要的工作任务，传统文化的融入使思想教育工作更具效用。例如，传统文化中的"天下兴亡，匹夫有责""己欲立而立人，己欲达而达人""言必诚信，行必中正"等传统文化，能够体现传统文化中爱国、诚信、仁爱、友善的思想品德，对于大学生未来的发展具有重要的意义，有利于大学生树立社会主义核心价值观念，大学生的社会主义核心价值观一旦形成，对社会主义先进文化的建立与完善也具有重要的意义。

二、大学生政治思想教育工作中传统文化渗透面临的困难

（一）教育主体没有充分认识传统文化

教育工作的主体主要是教育者和教育对象，但是在目前的大学生政治思想教育工作中教育主体没有充分认识传统文化。对教育者来讲，只有在全面认识传统文化之后，才能将自己理解的传统文化融入思想教育工作中，但是在目前的大学生思想教育工作中，很多政治思想教育工作者不能对传统文化的思想和深度含义进行精准把握，导致大学生的政治思想教育工作对传统文化的利用比较少。教育工作者是大学生实现思想文化提升的主要指引者和教导者，在对大学生的思想培养方式上具有关键的作用，因此，只有经过专业训练之后的思想工作教育者才能在大学生的思想教育工作中发挥传统文化的效用。

对教育对象来讲，主要是教育对象自身没有充分认识传统文化，在接受思想文化的教育工作中不被重视，特别是在目前全球化的背景下，很多大学生的思想受到来自西方文化

的冲击，大学生对于中国传统文化的认识相对较淡，转而是对西方传统文化的憧憬和向往，导致对传统文化的认识不足；另外很多大学生在接受思想教育的过程中，主动性比较缺乏，被动地接受知识，并不能对自身的文化素养提升起到很好的作用，在接受思想道德教育中，需要学生主动去学习，能够认识到传统文化的作用。

（二）政治思想教育和传统文化融合度较差

世界观教育、人生观教育、法制观教育、道德观教育以及政治观教育是目前大学生进行思想政治教育工作的主要几个方面，但是就目前的大学生思想教育工作而言，传统文化的思想教育工作之间的融合程度还比较低。一方面，传统文化在大学生思想教育工作中的融合程度范围比较小，没有实现广泛的结合。只有一小部分的中国传统的优秀文化融入大学生的思想政治教育内容中，这些在传统文化中只是九牛一毛，对大学生的思想政治教育工作的作用也比较小。目前大学生思想政治教育工作融入的传统文化主要是朴素辩证思维和爱国主义，但是对传统文化中的法治观念和政治观念却很少有涉及。另一方面，大学生思想政治教育工作和传统文化之间的融合度较浅，大学在进行思想教育工作中，所有的教学素材是学校实行统一颁发，学生所接受的思想教育也全都来自课本知识，但是课本知识相对来讲是比较有限的，对于传统文化的挖掘深度远远不够。

（三）大学生政治思想教育中传统文化渗透教育方式单一

教育工作者是大学生思想教育的传播主体，但是在目前的大学生思想教育工作中，教育工作者在对大学生进行思想教育时，很多都只是为了完成教育任务，因此在教育方式上比较单一，选择的是传统的授课形式，学生只是被动的接收老师所讲的内容，在这样教育方式下学生对接收的知识不能实现很好地运用，导致思想政治教育的目的不能完全实现。教育方式在大学生的思想教育工作中具有重要的意义，理论灌输是目前大学对大学生施行思想教育的主要教育方式，在思想教育内容中融入一定的传统文化，对学生施行知识灌输式教学，这种教学方式比较注重理论，具有说教的特点，但是这样的教学方式没有任何思维趣味性，会导致大学生的学习积极性和主动性丧失，老师讲授学生在下面睡觉的现象经常出现，导致学生对思想政治教育的学习根本不能融入学习中，这种传统文化思想教育学习也可以称为无效，不会让学生的思想和观念产生变化。也有一些高校改变了教育方式，带领学生参观历史古迹、进行公益劳动的开展、组织社会服务，但是因为没有对这些活动施行有效的系统化管理，也没有实现常态化的教学模式，所以对大学生思想教育的影响作用比较小，产生的影响也具有暂时性的缺点，甚至很多实践活动的开展中并没有实现传统文化的有效结合，传统文化在思想教育工作中的重要作用也就不能得到体现。

三、大学生思想政治教育中传统文化渗透的实践途径

（一）在课堂教学中融入传统文化

思想政治教育课程是大学生接受思想文化知识的重要场地，大学生在进行思想观念的学习过程中会树立自己的世界观、价值观和人生观，所以在大学生的政治思想教育工作课堂中要引入传统观文化，提高大学生政治思想文化的感染力和渗透力，这对于大学生的成长和发展具有重要的意义。

首先，要加强对大学生思想政治教育工作者的理论课程培训工作，在进行相关专业知识的培训过程中，要加强对教育工作者传统文化知识的培训，保证政治思想教育工作者自身能够掌握丰富的传统文化知识，以便在思想教育工作中灵活运用传统文化知识。其次，政治思想教育工作者自身应该主动进行传统文化的学习，对社会主义核心价值观做到自觉践行，在追求真善美的基础上进行传播。只有教育工作者自身做到有坚定的理想信念、务实的工作态度以及高尚的人格，才能在潜移默化中对学生的思想情感产生影响。

大学生思想教育工作离不开传统文化的支持，在进行大学生政治思想教育的过程中，要不断挖掘传统文化的深层次内涵，在政治思想教育中丰富课堂文化内容，为大学生提供充足的学习资料，营造一个良好的学习氛围。例如，在对大学生的世界观教育工作中，应该对老子和道家的朴素辩证思维加以说明，让学生能够运用辩证的思维去看待事情和解决问题。我国传统的思想教育中，不同的派别之间有不同的观点，但是大致的方向是一致的，在现代的思想教育工作中，要加强对儒家文化的深度挖掘的利用，提高大学生的社会责任感和使命感。

（二）在大学生思想教育实践活动中融入传统文化

一方面可以利用中国的传统节日作为契机。例如，在清明节可以组织大学生对革命先烈进行缅怀，培养学生的爱国主义情怀；在教师节，组织学生开展尊师重道的实践活动，借用儒家文化中尊师重道文化来进行实践活动的开展，让大学生在掌握传统文化精神的基础上，加强对传统文化力量的深层次理解，培养学生的情操，提高大学生的社会责任感。

另一方面，在进行政治思想的教育工作中，也可以利用文化基地作为实践活动开展的场所，在固有的传统文化资源所属地，对文化资源进行参观展览，让大学生有一种身临其境之感，提高学生参与政治思想学习的主动性，并且要保障这种实践活动开展的常态化。

（三）在校园网络中融入传统文化

随着社会互联网时代的到来，网络已经成为大学生接收信息的主要来源，网络在大学生生活和学习中的影响非常明显，所以为了提高大学生政治思想学习的主动性和常态化，要利用网络来进行政治思想文化的教育工作。在学校的官方网站中开设自己的传统文化教

育专栏。同时，可以利用学校的官方微博和微信公众号进行相关传统文化知识的传播，在大学校园网络中融入中国传统优秀文化，使大学校园网络中全面体现传统文化，为大学生营造一个传统文化知识学习氛围。其次，还可以在网站中制作相关的传统文化传播网络课程视频，网络视频能够将文字、图像、声音以及动作集于一体，比较直观形象地展现给大学生一个传统文化传承环境，在这种快速发展的社会背景下，这也是为顺应社会发展潮流所做出的成果，将这种网络课程视频放到校园网络中，通过各种途径进行传播，给大学生最直观的冲击感受，促进大学生政治思想学习的主动性。

综上所述，中国优秀传统文化在整个大学生政治思想教育工作中具有重要的意义，中国优秀的传统文化是中国文化的瑰宝，经过常年历史的沉淀，已经发展演变成和社会时代发展步伐相切合的文化体现，并且经过几千年的传承与发展，经久不衰，这也足以说明传统文化的力量是无穷的。因此，在进行大学生思想教育的过程中，要全面展开对传统文化的利用，利用多元化的教学方式，以不同的形式将传统文化融入大学生政治思想教育工作中，为全面提升大学生的政治思想素养和文化素养打下坚实的基础。

第四节　传统文化在大学生思想政治教育中的应用

中华优秀传统文化在当代仍具有相当大的意义和价值，仍是今天高校思想政治教育工作非常重要的思想资源和指导方法。所以，高校思想政治教育工作者要继承、发展、创新中华优秀传统文化，使它能继续光彩照人、发扬光大。本节探讨了传统文化在大学生思想政治教育中的应用。

一、优秀传统文化融入大学生思想政治教育的意义

中国民族的优秀传统文化是中华文明成果的历史传承，是以老子、庄子、墨子、儒家、道家文化等为主体的多元文化相互融通而形成的体系，它包括文字、思想、语言、民俗、节日、六艺、书法、曲艺等，它既是民族历史的道德传承，又是华夏文化观念的结合体。优秀传统文化具有博大精深、历史悠久、世代相传等特质，同时它还具有丰富的思想政治教育资源，例如传统文化中蕴含着：治国平天下的爱国精神、厚德载物的兼容精神、刚健有为自强不息的进取精神、仁义正直耻辱自知的人格精神、言行一致的诚信精神、天人合一的和谐大同精神等。这些优秀传统文化思想在思想政治教育中的运用将有助于激发大学生的爱国主义情感；有助于提升大学生的道德素质；有助于增强大学生的民族自尊心和使命感；有助于大学生树立正确地世界观、人生观、价值观；有助于高校校园良好道德环境形成等。国内学者们已经逐渐地认识到优秀传统文化是思想政治教育不可或缺的资源，应该有效地融合与传承。

二、传统文化在大学生思想政治教育中的应用

（一）改进课堂教学内容，加强优秀传统文化的教育作用

开设专门的中华优秀传统文化讲解课程。如利用思想政治教学课堂，开设怎样构建诚信的社会、你了解中国的节日吗？爱国主义与我们的生活、今天你的道德日记是怎么写的？我的眼里只有我和我的眼里也有大家等有趣的专题课程。引入优秀传统文化故事、名人警句、人物传记介绍，通过提问、讨论等方式，帮助学生了解历史文化的来龙去脉，结合实际了解传统文化之精髓，分析现实中热点的道德问题，促进学生思考讨论。

让学生成为课堂的主人，让学生对优秀传统文化进行讲解。中华优秀传统文化中的人物、故事、历史渊源，容易引起学生的兴趣，引导他们自己去寻找合适的素材讲解耳熟能详的道理，体现学生学习的价值，使之更深刻地认识到思想理念的正确性，自觉地进行实践。

开设和优秀传统文化相关的第二课堂，让学生体会到传统文化的魅力。在第二课堂中可以举办各种活动，如中国传统服饰发布会，让学生自己找材料，自己试着做传统服饰，领略中国的服饰文化，还可以举办猜灯谜做灯笼活动，领略不同节日的特色。端午节举办包粽子我们来活动，让学生自己动手，亲身感受传统节日与美食的乐趣。还有礼貌待人我来学学古人怎么做，中华经典作品朗诵会等各式各样的活动，生动有趣的思政课活动，既可以激发学生的兴趣，又可以使学生理解知识的内涵与实质，更容易在现实中运用。

（二）开展传统文化教育的社会实践

社会实践活动是加强和改进大学生思想政治教育的有效方式，是高校人才培养的第三课堂，是开展优秀传统文化教育的重要阵地。在社会实践活动中，一是建立传统文化教育基地，加强与红色教育基地、地方博物馆、书画展览馆、历史文化遗迹保护单位等的联系，通过参观、考察、调研等方式使学生获得生动的、形象的、直观的情感体验，将传统文化的思想内涵和道德风尚渗透到大学生的心灵深处，在社会实践中进一步加深对优秀传统文化精神内涵的深刻理解；二是创新社会实践形式，将传统文化教育融入社会实践中，如组织学生开展以传统文化为主题的支教活动，向贫困山区的孩子宣讲中华优秀传统文化的知识，在传承传统文化的同时达到学以致用的效果，在实践中将中华优秀传统文化的精神内化于心、外化于行。

（三）将传统文化与高校校园文化建设相结合

校园文化氛围可以直接影响学生们的学习兴趣和学术水平，因此营造良好的校园文化氛围对高校来说是至关重要的。传统文化教育应该与校园文化建设相结合，通过传承传统文化的校园氛围来培养学生的兴趣，加强学生的道德文化修养，实现优秀传统文化在大学生思想政治教育中的价值。高校首先应转变观念，自上而下提升对开展优秀传统文化教育

的重视程度,充分认识到育人应以德育为先的理念;其次,高校应以校园环境为载体融入优秀传统文化的元素,比如校园建筑、标志性景观、宣传走廊、图书馆宣传语、人物雕塑、校训、校歌等都可以融入优秀传统文化元素,使学生随时随地能够得到优秀传统文化的滋养;最后,积极开展以优秀传统文化为内涵的团学活动,举办校园文化节,开展以传统文化为主题的教育活动,通过讲座、沙龙、演讲比赛等系列宣传活动,同时利用校园广播、校园电视台、校园报纸等媒体的导向作用,最大限度地在校园中营造学习传统文化的氛围。

(四)积极通过网络平台,实现中华优秀传统文化宣传的全覆盖

校园网络平台是学生获取学校信息不可或缺的重要途径。可以利用校园网络平台多发布一些优秀经典书籍、诗歌,让学生有评价的渠道,在这个过程中起到相互教育的目的;还可以刊登一些优秀传统文化的小故事,召集学生表演成真人版视频,发布在校园网上,大学生喜欢表现自我,更能引起他们的兴趣和共鸣,通过热烈讨论,实现中华优秀传统文化的教育目的。

总之,中华文化源远流长,积淀着中华民族最深层的精神追求,代表着中华民族独特的精神标识,蕴含着丰富的思想道德资源。将中华优秀传统文化融入大学生思想政治教育,不忘根本、继承出新、古为今用、推陈出新,有鉴别地加以对待,有扬弃地予以继承,以文化人、以文育人,就能让中华优秀传统文化真正成为社会进步、民族复兴的宝贵精神财富。

第五节 优秀传统文化与大学生思想政治教育的融合

中华民族具有五千多年的文明发展历史,文化悠久,民族的传统文化经过数千年的洗礼后,形成了博大精深的文化体系。中国传统文化其博大精深的核心价值,对促进高校大学生正确的思想价值观的形成和健康发展起着重要的作用。将传统优秀文化融入大学生思想政治教育工作中,能有效促进大学生的思想认识水平的逐步提高和强化,确保大学生形成正确的思想意识。高校应合理利用我国优秀的传统文化,将其融入大学生思想政治教育工作中。在思想政治教育中,依托中国优秀的传统文化来影响大学生形成正确的世界观、人生观和价值观,促进大学生全面健康发展,为我国培养更多优秀的人才,发挥出我国优秀传统文化的育人功能。

一、优秀传统文化融入大学生思政教育的意义

当代大学生对中国优秀传统文化的了解现状。在经济全球化高速发展的时代,一些大学生逐渐追求实用主义。有的学生认为,上大学的根本目的是找份好工作,所以上大学最重要的是学好专业和相关工作事务,至于传统文化知识那都是次要的,更没必要读四大名著、二十四史之类的经典,有那功夫还不如学点英语考个证书什么的。可见,现在大学生

对中国优秀传统文化的认知差距大，真正充分理解我国优秀传统文化的可能不多；有的大学生优秀传统文化方面底蕴不够，对中国传统的优秀文化兴趣不大，喜欢标新立异，在思想上容易受不良思想影响。有的大学生喜欢过洋节，比如情人节，对中国的七夕节不甚清楚；喜欢肯德基和麦当劳等食品；追求嘻哈、摇滚国外音乐，对中国古典音乐不甚了解；在娱乐文化的渗透上，每天追星、追好莱坞大片，等等。一些大学生把主要的课余时间用在抖音、微视频、直播等娱乐上，浪费了时间和精力，也浪费了金钱，甚至玩物丧志，因此，加大中华优秀文化的课堂教育势在必行。

帮助大学生树立正确的世界观、人生观、价值观。中国传统文化源远流长、博大精深，学习和掌握其中的思想精华，对大学生树立正确的世界观、人生观、价值观很有益处。目前西方不良思想对大学生有一定的影响，对大学生的三观产生了一定的负面作用，制约着大学生思想的健康发展，也影响着他们的价值观和行为规范的形成。人的一生形成正确的世界观、人生观、价值观的关键阶段是青年时期，思想政治教育介入的最佳时期、最有时效性的时期也是大学阶段。在这个时期将中国传统文化植入大学生思政教育工作中具有很强的现实意义，不但能使大学生更充分、全面地了解优秀的中国传统文化，而且还可以长久影响大学生的思想认知，更加有利于大学生的身心成长的发展。中国优秀的传统文化对大学生的影响是全方位的，这些优秀的内容对大学生形成正确世界观、人生观和价值观有着极其深远的意义。

提升学生的综合素质，塑造健全人格。人格是人类独有的，由先天获得的遗传素质与后天秉承的内外信使相互作用而形成的，人格并不是一生中一成不变的，它会随着环境和人生的际遇发生改变。人格是具有可塑性的，可以依靠优秀的文化铺垫作支撑，培养和发展健全人格。传统文化是中华民族的根，是人文精神的底蕴，是塑造中华魂的优秀素材，对培养学生的综合素养具有重要作用，对学生形成健全的人格具有无可替代的作用。高校的大学生思想政治教育工作将优秀传统文化有效融入，能帮助大学生树立勤劳、果敢、坚毅等健全人格。当下，大学生在日常学习中不仅要重视专业技能，更要关注人文素养的精神追求，将优秀传统文化合理、有效地融入大学校园，融入大学生思想政治教育工作中去，充分发挥我国优秀传统文化的教育意义，对于促进大学生身心全面健康发展，对于高校培养更多优秀人才意义重大。

思想政治教学内容底蕴更深厚。中国优秀的传统文化缤纷多彩，诗歌、书法、戏曲、绘画等包含了丰富的文化内容，有着深厚的育人功效，是德育文化精髓所在，这些内容可以陶冶大学生的情操，有利于全面提高大学生的综合素质，使其人文素养更上一个高度。这些优秀的文化是中华民族几千年的传承，其璀璨的内容对国人来说有着强大的吸引力。把中国优秀传统文化充分融入大学生思想政治教育中，能大大激发大学生对传统文化的热情和兴趣爱好。大学生把这些优秀的传统文化内化于心，成为长期影响自身言行举止的信念，能让大学生在不知不觉中接受教育，从而取得良好的工作成效。

二、优秀传统文化融入思政工作的实践路径

优秀传统文化进课堂。课堂教学依然是高校理论课程体系的重要形式。在培育大学生思想的过程中,应融入我国优秀传统文化的课程内容,不断探索和完善教学方式方法,以学生喜闻乐见的形式促进传统文化与思政工作的融合教学。

高校在开展思想政治课程时,应加大传统文化在课程中所占的比重。首先,高校可以设置一门着重宣传中华民族传统文化的思政必修课,在这个课程中不断改革和创新传统文化教学,以此提高大学生对中华民族传统文化的重视程度;其次,高校可以定期举办有关中华民族传统文化宣传的讲座或者开展一些交流大会和民俗活动,在活动中除了本校教师外也可从社会聘请优秀的文化学者和民俗专家,为大学生进行讲解和示范,让大学生发自内心喜爱中华民族优秀的传统文化。

笔者所在地区某高职学院在传统文化进校园方面进行了积极的尝试。为了传承和保护非物质文化遗产,唤起大学生民族自豪感,引导广大学生自觉承担起文化传承和创新的重任,该学院组织了非物质文化遗产协会走进校园的活动。在这次活动中,剪纸、皮影、面塑、丝网花、糖画等非物质文化遗产项目走进校园,同学们被这些魅力非凡的民间艺术深深地吸引。到场的艺人们在展演技艺的同时细心讲解这些民间艺术的发展及现状。当地糖画艺术传承人现场制作糖人,并亲自指导学生动手尝试。大师们示范制作了各个项目的工艺品,还指导在校大学生动手体验,同学们尝试了窗花雕刻、皮影、草编工艺品等项目。此项活动吸引了师生 4000 余人广泛参与,师生们深切感受到了中国传统文化的魅力。这次非物质文化遗产进校园活动,提高了大学生对中国优秀传统文化的认同感,大大激发了大学生学习传统文化的兴趣和热情。通过这次活动,大学生被传统文化的魅力深深折服,很多同学表示非常乐意了解更多的相关内容,并且愿意承担起传承与保护中国优秀传统文化的责任。

此外,该学院还开展了中华传统文化系列教育活动,邀请多名校内外专家、学者进行讲座,如"大学生人格修养""历史文化""法律文化""养生文化""节日文化""非物质遗产文化"等主题,丰富了在校大学生的知识结构,为大学生打开了了解优秀传统文化的窗口,拓展了视野。

借助信息化手段,宣扬优秀传统文化。随着互联网技术的高速发展、信息数字化时代到来,高校应该利用科技手段,充分发挥互联网技术与网络平台宣传中华优秀传统文化,利用微博、公众号等构建校园思政教育平台,挖掘其教育功能和社会服务功能。对于网络上某些诋毁中华优秀传统文化的不实言论,要及时予以澄清,加强对网络舆论的正面引导,着力开发互联网作为大学生思想政治教育的重要工具,将思想政治教育工作开展得更好。

在这方面,笔者所了解的这所学院组织开展了以弘扬中华传统文化为主题的国学经典诵读大赛,并利用校园广播和微信平台播放国学经典,宣扬优秀传统文化内容,使优秀传

统文化渗入学生的生活和心灵，让学生在潜移默化中接受优秀传统文化的熏陶。这次利用经典诗词、传统文化培根铸魂，将经典哲思与诗词气韵融入大学生思想政治教育中，对加强大学生爱国情怀起到积极作用。除此之外，邀请大型话剧团和杂技团为全校师生表演了大型话剧《立秋》和杂技，为师生提供了一个亲近艺术、聆听大师、提升艺术素养、感觉艺术魅力的平台。

发挥高校辅导员的引领作用。在高校中，高校思想政治教育的骨干力量是辅导员，因为他们是大学生接触最多的老师，他们是大学生思想上的引路人，始终站在大学生思想政治教育最前线。这就要求高校辅导员做到身正为范。首先要坚守正确的意识形态，时刻和党中央保持一致，充分理解高校意识形态工作的重要意义。马列主义、毛泽东思想以及中国特色社会主义理论体系需要全面系统地掌握和学习。在大学生思想教育过程中，充分发挥自身的资源优势和情感优势，引领大学生对中国传统文化感兴趣，使其产生民族自豪感，这样将传统文化融入大学生思想政治教育中才能事半功倍。

为弘扬中国传统节日文化，该学院辅导员、教师代表、新生代表，在中秋节当天举办了庆中秋师生茶话会。茶话会上既有师生之间的交流环节，还有传统文化节目的表演。优美的古典舞蹈《礼仪之邦》《将进酒》《长恨歌》等古典诗词的情景朗诵，诗词与现代音乐搭配的古诗词《知否知否》《使至塞上》《水调歌头》，非物质文化遗产《昌黎秧歌》，让大学生不仅感受到节日的快乐，而且拉近了与优秀传统文化的距离。

综上所述，优秀传统文化具有诸多途径融入大学生的思政工作。我们需要开展多种形式的实践活动，将传统文化融入生活、融入实践，能够看得到、摸得着。通过在工作实践中真实地感受和了解，在今后的工作中，高校不仅需要加强师资队伍建设，还要寻求各种途径，以新颖的形式吸引大学生的支持和青睐，使之参与其中，最终促进大学生对优秀传统文化的吸收。

第六节　中国传统文化与大学生思想政治教育内在关系

中国传统文化根植于中国上下五千年的历史之中，是伴随着中华民族的产生而出现的，可以说是中华民族集体智慧的结晶，这一文化资源对于我们了解过去、展望未来、立足当下具有现实的指导意义。当下的大学生思想政治教育是中华民族在当前进行现代化建设中发展教育的重要一环，是为国家培养合格建设者和接班者的重点工作。大学生思想政治教育工作与中国传统文化内在关联，更离不开中国传统文化的指导和引领。

中华传统文化博大精深、内蕴深厚，高校学子思想政治教育工作又千头万绪，但是经过认真的梳理和探究，我们依然能从历史继承性、现实指导性、内在关联性几个方面探索中华传统文化同高校学子思想政治教育工作之间的深厚联系。

一、中华传统文化的内涵与大学生思想政治教育的要求具有一致性

传统文化的内涵，"是指中国几千年文明发展史在特定的自然环境、经济形式、政治结构、意识形态的作用下形成、积累和流传下来，并且至今仍在影响当代文化的'活'的中国古代文化。它既以有关的物化的经典文献、文化物品等客体形式存在和延续，又广泛地以民族的思维方式、价值观念、伦理道德、性格特征、审美趣味、知识结构、行为规范、风尚习俗等主体形式存在和延续"。经过两千多年的文化积淀和发展，中华传统文化中的民族精神、思想及思维方式都融合在我们的生活中，影响着我们生活的方方面面。

以"仁"为本，协和为道的处世观。"仁"是孔子思想理论体系的核心，也是儒家道德规范的准则之一。子路曾说"仁者使人爱己"，也就是说，仁者要能够使别人爱上自己；孔子说"克己复礼为仁"，强调的是要约束自己的行为，克服虚妄的意识，这样一来，才能达到"礼"所要求的"仁"之境界。孔子还在对颜回的指教中特地指出了"一日克己复礼，天下归仁焉"的思想理念。

自强不息、积极进取的人生观。自强不息、积极进取是传统美德中的重要内容。出自《周易》中的"天行健，君子当以自强不息"也是在强调这个道理。同时，自强不息、积极进取也是中华文化源远流长的力量来源。《周易》中所传达出来的精神理念和思想内涵与中华传统文化相互关联、内在联系。书中所提到的"天阳地阴"，实际上也在暗示我们在做事的时候要同"天"一般，积极进取、奋勇争先；像"大地"一般对待事物，宽容仁爱、包容温润。

热爱祖国、和谐统一的民族观。在五千年的历史文化积淀中，爱国理念都是中华民族长久传承的思想理念，也是中华民族历经万千磨难依旧屹立不倒的精神支柱。岳飞、文天祥、刘胡兰等人在国家危难之际选择"杀身成仁，舍生取义"；屈原、杜甫、陆游等人位卑却不敢忘国忧；邓稼先、钱学森、钱三强在祖国需要之际，毅然放弃国外的优越条件回国。无论在什么样的条件下，炎黄子孙一心挂念着祖国，在祖国危难之际、在祖国需要之时，毅然决然地挺身而出，将中华民族的伟大复兴同个人的命运联系起来，不计较个人得失，为中华民族的崛起和发展贡献自己的力量。

中华传统文化的内涵是极其丰富的，以上主要从为人处世、爱国自强方面做了简单的梳理。即使如此，也不难发现这些文化内涵和大学生思想政治教育工作要求培养爱国守法、明礼诚信、自强不息的社会主义接班人的要求是一致的。

二、中国传统文化能充实和扩宽大学生思想政治教育工作的内涵和创新工作方式

中华优秀传统文化以其丰富的内涵给予其与大学生思想政治教育工作相融合的可能性，但是这种融合不是简单地相加，而是选择性的继承。对中国传统文化的发展历程进行

简单的梳理，我们不难发现，在中华文明出现的初期，一般都是多个中心并举，如黄河上游文明区、黄河中游文明区、黄河下游文明区和长江流域文明区等，这些区域最开始是相对独立的，也正是这种独立性才成就了以地域区分的文明区域，但是随着部落征战和交流的增加这种地域文明开始被打破，最终在黄帝时期统一黄河流域，开启了中华民族的文明新篇章。这也使得中华文明从最开始产生就表现出多元性的特点。到后来春秋战国时期，迎来了中国文化的第一次大发展、大繁荣，出现了百家争鸣的景象。到东汉末年随着佛教的进入，中国文化的内涵被进一步丰富，出现引佛入儒的现象。到西晋时期五胡乱中华，将少数民族文化引入中原地区，中原文化得到进一步的丰富。元朝，蒙古草原文明的引入，宋代对儒家理论的进一步阐释，明清两代的考据学，民国时期对中国文化的思考和研究等等，这些都是随着历史的发展和民族融合的加强，中华文化得到了丰富和发展。

今天中国建设的成就既是对中国传统文化的继承，同时也是对其的发展。这种发展不光体现在内容的增加上，最主要的体现在内涵的丰富上。将中国传统文化运用到大学生的思想政治教育工作中去，一方面增加了中国文化的内容；另一方面也丰富了其外延，并赋予其时代特征，使其在当代焕发出新的活力。

三、中华传统文化和高校学子思想政治课程教育工作相辅相成

中华传统文化在教学中进一步贴近了高校学子思想政治教育的需要，满足提升大学生思想政治素养的要求，同时还在高校学子的思想政治教育工作中提供了新的理念和方法，这就使其进一步推动了高校学生思想政治教育工作的创新和发展。

其次，把含义深刻的中华传统文化理念融入高校大学生的思想政治教育工作中，在服务学生、服务老师的过程中总结出来的经验和方法也在丰富着中国传统文化，使得其内涵和外延都得到了极大的扩展，因此，可以说高校的思想政治教育工作对中国传统文化的发展也有极强的促进作用。

传统文化是一座宝库，有取之不尽用之不竭的资源。高校学子的思想政治教育工作成功与否，大学生自己成才发展与否，"其关键环节在于能否从中国优秀传统文化中吸收营养，使其在自身内容的建构上具有丰富的文化内涵、文化品位和文化精神，以保持与整个社会文化发展的目标相一致"。因此，在教学过程中，我们要注重好中华传统文化和高校学生的思想政治教育学习间的内在联系。

第七节　中华优秀传统文化与大学生思想政治教育融合的原则

党的十八大以来，以习近平同志为核心的党中央高度重视中华优秀传统文化的历史传承与发展，强调中华优秀传统文化是"中华民族的基因""民族文化血脉"和"中华民族的精神命脉"。中华优秀传统文化是大学生思想政治教育极为丰厚的资源，高校思想政治教育要以中国优秀传统文化为依托，努力探寻中华优秀传统文化与大学生思想政治教育的融合的方针政策，从而提升大学生的思想道德素质。

中华优秀传统文化与大学生思想政治教育融合，在不同的历史发展阶段，其主题、内容与形式都有着不同的特点。推动中华优秀传统文化与大学生思想政治教育的融合：一方面需要辩证分析，需要理性精神，在大力弘扬中华优秀传统文化的同时也要赋予其新的时代内涵；另一方面两者的融合也是一项系统的工程，要坚持顶层设计，形成多元互动、上下联动、左右协同的生态系统。

一、坚持辩证分析和理性精神

第一，要以科学的态度对待中国传统文化，坚持"马学"为体、"国学"为用。中华优秀传统文化是中华民族的根与魂，如果抛弃传统、丢掉根本，中华民族就失去了在多元交融的世界文明中赖以生存的基础。马克思主义学说是关于无产阶级和全人类解放的学说，其社会理想、价值追求与思考方式与中国传统文化有着极为相似的地方，比如社会主义思想与儒家的"天下大同"、辩证唯物主义与道家的朴素辩证唯物主义观等。坚持"马学"为体，就是坚持中国社会主义道路自信；就是要以马克思主义学说为指导，对中国传统文化去粗存精；就是坚持马克思主义学说与中国优秀传统文化的融合，增强大学生对马克思主义学说的生动、深刻理解。坚持"国学"为用就是始终从中华民族最深沉精神追求的深度看待优秀传统文化，从国家战略资源的高度继承优秀传统文化，从推动中华民族现代化进程的角度创新发展优秀传统文化，赋予中华优秀传统文化最深刻的历史意义。

第二，对中国优秀传统文化既要善于传承，更要善于创新。中华优秀传统文化是中华儿女在五千年的上下求索、艰苦奋斗中所确定理想和信念，在封建社会，它寄托着"少有所长、壮有所用、老有所终"的美好愿景；在近代社会，它是救国存亡的真实写照；在当代，它是中华民族伟大复兴中国梦的根本性力量，对此，我们要认真汲取中华优秀传统文化的思想精华和道德精髓，大力传承，使之在新时期绽放更加耀眼的光芒。同时，习总书记也指出"不忘本来才能开辟未来，善于继承才能更好创新。对历史文化特别是先人传承下来的价值理念和道德规范，要坚持古为今用、推陈出新"。对此，我们创造性发展中华优秀传统文化，结合新的实践和时代要求，努力实现中华优秀传统文化对社会主义建设的促进功能和现实价值。

二、弘扬民族精神和传统美德

第一，要大力弘扬民族精神。中华优秀传统文化源远流长、博大精深，蕴含着丰富的思想道德资源。概括起来大致有："天行健，君子以自强不息"的自强不息的精神；"地势坤，君子以厚德载物"的理解包容精神；有"人法地，地法天，天法道，道法自然"朴素辩证思想；"上善若水，水善利万物而不争，处众人之所恶，故几于道"的奉献精神；"君子和而不同，小人同而不和"的尚和精神；"君子学以致其道"的务实精神。在大学生思想政治教育中大力弘扬民族精神对大学生树立正确的价值观、人生观、世界观具有极为重要的帮助。

第二，要大力弘扬传统美德。中华传统美德是中华民族在历史发展中形成的、至今仍然具有强大生命力的优秀道德理论、道德规范和道德行为的总和。中华民族传统美德的核心与主流大致可以概括为以下几种："大道之行也，天下为公"的以国家、民族、整体利益为上的"公而忘私"美德；"孝弟也者，其为仁之本与"的百善孝为先的"孝悌"美德；"己所不欲勿施于人"的"忠恕"之德；"人而无信，不知其可也"的"诚信"美德；"何谓四维。一曰礼，二曰义，三曰廉，四曰耻"的廉俭美德。中华民族传统美德所蕴含的爱国情怀、担当意识、孝悌忠信思想、荣辱价值观念是培育和践行社会主义核心价值观独特的文化依托和文化优势，是大学生思想政治教育的应有之义。

三、古为今用，彰显时代价值

五千年的积淀与传承使中华民族传统文化有着鲜明的两重性与矛盾性，其中，既有民主性的精华，又有封建性的糟粕；既有积极、进步、革新的一面，又有消极、保守、落后的一面，在有些情况下，精华与糟粕紧密结合、良莠杂陈、瑕瑜互见。在大学生思想政治教育中融入中华优秀传统文化要坚持古为今用，彰显时代价值，并在认知和实践过程中力行。

第一，在大学生思想政治教育中融入中华优秀传统文化要推陈出新，要赋予时代新意。因为时代条件、社会认知等因素的制约和局限，中华优秀传统文化的很多思想观念和道德规范不可避免具有一些陈旧过时或者封建性的东西，比如范仲淹的千古名句"先天下之忧而忧，后天下之乐而乐"，范仲淹作为士大夫，他看到"天下"是"赵王朝的天下"，不可否认有维护封建统治阶级私利、抹杀阶级矛盾的消极内容，但是他的"天下"也可以是"整个中华民族"，也可以理解为国家、为民族的命运、福祉而忧愁奋斗的伟大胸襟。新时期下在大学生思想政治教育中融入中华优秀传统文化，应该要厚古厚今，厚古之资源，厚今之所用，要对中华优秀传统文化创造性的发展和运用，以今用为本，赋予中华民族传统文化时代新意、时代价值。

第二，在大学生思想政治教育中融入中华优秀传统文化要与培育和践行社会主义核心价值观结合起来。首先，在大学生思想政治教育中融入中华优秀传统文化一个重要目的就是用其滋养社会主义核心价值观，社会主义核心价值观的主体内容大都可以在中华优秀传统文化中找到文化基因，故中华民族传统文化是培育社会主义核心价值观的重要资源。其次，中华优秀传统文化经过五千年的积淀和传承，对中华民族的思想方式和行为方式有着潜移默化的影响，将大学生思想政治教育植根于中华优秀传统文化的厚实土壤中，可以让大学生思想政治教育更易理解和被接受，增强大学生思想政治教育的实效性。最后，以中华优秀传统文化滋养社会主义核心价值观，要推进大学生思想政治教育载体、方式、手段的创新。在载体上要凸显新媒体、新技术的发展趋势，使传播路径更加多元化；在方法上，要增加以大学生更加喜闻乐见的形式，融入生活、融入行为方式和习惯；要充分发挥课堂主渠道作用，优化完善课程体系与教材体系建设。

四、构建多维互动的融合机制

第一，课堂教学主导。一方面思想政治课是中华优秀传统文化融入大学生思想政治教育的主要渠道和重要载体。将中华优秀传统文化融入大学生思想政治教育课，要在教学方法和教学内容上进行大胆的探索与尝试，方法上可以融入网上网下的学生实践活动，在知行合一中提升大学生思想政治教育的育人效果，内容上要以生动活泼的形式向学生展示中华优秀传统文化、红色文化，增强学生的民族凝聚力和民族自豪感，提升大学生思想政治教育的思想感染力、精神震撼力，激发学生的民族认同。社会主义认同；另一方面体现课程思政在中华优秀传统文化融入大学生思想政治教育的独特优势，任何一门课程都蕴藏着丰富的德育资源，科学有效地发掘这些资源并以中华优秀传统文化进行话语包装和内容设计是发挥专业课隐性思想政治教育的关键，这不仅可以丰富专业教学的内容，同时也可使学科内容的思政教育因素更加具有深度。

第二，社团活动引导。在大学生思想政治教育中融入中华优秀传统文化既要依托第一课堂的教学组织优势，也要注重发挥第二课堂—社团活动的组织优势。以校园精神文化建设、大学生思想蒸煮教育为项目载体，融入专业特色、融入优秀传统文化元素，广泛开展以优秀传统文化为主题的系列社团活动。比如中央电视台的《汉字听写大会》《中华诗词大学》等节目在让人们生动感受到优秀传统文化艺术魅力的同时，也掀起了广大群众对中华优秀传统文化的学习热潮。我们也可以结合学生实际，主动采用学生喜欢的话语体系，设计一些相通相同的文艺节目。

第三，媒体宣传创导。随着新媒体发展与成熟，大学生思想政治教育融入中华优秀传统文化要综合运用新媒体平台，增强其吸引力和时代感。一方面要注重内容为王的原则，中华优秀传统文化包罗万千，大学生思想政治教育覆盖广泛，要以两者的融合为基础来筛选平台的内容，同时在教育引导上要具体明确，要围绕中心、重点突出、强势回应，让其内容入脑入心。另一方面要注重媒体融合原则。因此，在宣传创导的过程中，我们在重视运用新媒体的同时，也要注重发挥传统媒体的作用。传统媒体直观、具体，比如条幅、橱窗、墙壁标语，这些随处随时可见的媒介在宣传创导过程具有的重要作用是无可替代的，要把新媒体和传统媒体紧密融合起来，以更加立体、多元的形式在大学生思想政治教育过程中融入中华优秀传统文化。

第四，学问研究倡导。在大学生思想政治教育中融入中华优秀传统文化重点在于推动中华优秀传统文化登顶大学生思想文化的高地，首要是增进大学生对中华优秀传统文化的认知与了解。近代以来，随着相关学者的呼吁与倡导，传统文化热不断升温，"文化复兴""文化自信""文化传承"等热点话题的出现既是中国40年改革开放、经济社会长足发展扩大国家影响力的需要，也是大众精神生活发展的需要，同时以习近平总书记为核心的党中央也高度重视中华优秀传统文化的传承发展，对此，高校要充分利用学术资源优势，开设"国学"课程、开展传统文化专题讲座、编撰传统文化书籍等，营造优秀传统文化的学习气氛，改善优秀传统文化的学习条件，满足优秀传统文化的学习需求。

第八节 新媒体时代中华优秀传统文化与大学生思想政治教育的融合

21世纪，科学技术日新月异，各种思潮和学说汹涌澎湃，深刻影响着大学生的精神家园，加强大学生对优秀传统文化的认知和把握不仅关系到优秀传统文化的传承、民族文化基因的夯实，与伟大中国梦的实现也密切相连。

一、新媒体时代优秀传统文化融入大学生思想政治教育的价值

中华优秀传统文化凝聚着中华民族共同的文化心理、价值取向和精神内涵，以自身内容的丰富性和深刻性涵养着高校思想政治教育，对高校思想政治教育具有极强的现实价值。

弘扬正能量，塑造正确的三观。大学生正处在三观形成和确立的关键时期，但随着社会生活快节奏化和网络时代飞速发展，"丧文化"一度盛行，部分大学生受其影响，基本的道德判断模糊，个人思想迷茫，难以踏实求知。中华文化博大精深，能为其提供必要的精神信仰和文化引导。"为天地立心，为生民立命，为往圣继绝学，为万世开太平"的人生抱负、"穷则独善其身，达则兼济天下"的社会理想，古人身上遗留下来的优秀品质与现代大学生应塑造的价值观念有很大的契合度。扩大优秀传统文化的宣传，有利于弘扬正能量，引导大学生积极向上，树立远大人生理想，塑造正确三观。

传承礼仪文明，规范行为准则。网络热词是新媒体时代的产物，其言辞简短、新颖有趣，

是很多大学生的"语言宠儿",但很多热词意思粗俗,大量使用对大学生的语言规范有一定消极影响。对礼仪养成教育的不够重视,导致部分大学生言行不正、文明素养极为低下。"不知礼,无以立",综观中国历史,礼作为约束人们思想和行为的重要准则和维持社会秩序的基本规范,不仅是中国传统文化的主体,而且成为华夏文明的标志。重视传统文化中"礼"之价值,加强礼仪文明的传承,利于规范大学生的言行,促进大学生全面发展。

提升文化素养,增强文化自信。大学阶段是大学生拓展阅读、开阔视野的好时期,但随着网络的快速发展,碎片化、快餐式阅读逐渐占据了大学生的视野,四大名著无人问津,"心灵鸡汤"、网络小说等文化营养价值极低的读物却颇为流行,这造成很多大学生的文化素养有偏低甚至缺失的趋向。古典文学作为中华优秀传统文化的重要组成部分,融贯着民族文化的血脉,蕴含着中华文化精神,凝聚着中华民族的审美观念、人生哲学、文化心理,加强对古典文学的学习,有利于大学生从中领悟中华文化不朽的艺术魅力,对陶冶身心、提升文化素养、增强民族文化自信具有重要意义。

培养爱国情怀,提升思想境界。中华传统文化的本质特征在于其鲜明的民族特色,五千年的文化承载着中华民族厚重的历史和精神准则。无数史书文化荟萃彰显着中华民族精神与气节,"长太息以掩涕兮,哀民生之多艰"一卷《离骚》道出屈大夫的忧国忧民,"野人美芹而献於君,亦爱主之诚可取",一册《美芹十论》言不尽辛弃疾对国家的忠诚。爱国,从古至今都是中华文化的民族底色。将这些优秀的传统文化融入大学教育系统,有利于大学生从中感悟深层次的民族精神内涵,培育爱国情怀,增强社会责任感,提升个人思想境界。

二、新媒体时代优秀传统文化融入思想政治教育面临的问题

新媒体时代向高校思想政治教育发出挑战,同时也为传统文化融入思想政治教育提出了更新的要求,而高校对二者的融合探索还尚待深入。新形势下,如何充分实现传统文化与思想政治教育的有效衔接值得深思。

新媒体时代高校思政教育面临挑战。随着新媒体时代的来临,各种良莠不齐的信息搭上"顺风车",迅速袭向大学生的精神世界。在本次对潍坊学院500位大学生所做调查中,在新媒体时代对思想观念是否造成影响的问题上,有52.35%的人表示自己深受影响,缺乏筛选各类信息的能力,难以确立正确的三观;另外,调查显示,当代大学生"手机依赖症"现象普遍,部分学生沉迷网络,玩网游,看直播,甚至效仿所谓的"网红"博眼球,他们耽于享乐,渴望通过捷径走红,耽误了学业,也忽视了自身道德素质和健康人格的养成,直接加重了高校思想政治教育的工作。

优秀传统文化和思想政治教育的融合有待探索。部分传统文化已不能满足社会发展的需要,落后文化和腐朽文化依然是危害大学生思想的"文化隐患",如何科学择选优秀传统文化发挥其德育功能值得深思;另外,只依托传统纸媒传播传统文化的方式古板老化,

造成大学生对传统文化的认同感普遍偏低。在对大学生传统文化意识淡薄原因的问题上，57.09%的人认为传统文化的呈现方式过于"传统"，22.91%的人认为自己在课堂上接触的传统文化很少，缺乏老师引导，对传统文化的价值认知存在误区。由此可见，优秀传统文化的传承面临着转变的现实要求，如何推进其创造性转化并与思想政治教育的融合有待探索。

高校将优秀传统文化融入大学生思想政治的实践效果有待改善。其一，大学教育的重心大都放在了专业学科教学上，很多高校缺乏传统文化课设置，纵使有也多为传统文化概论等理论性选修课堂。调查显示，在对老师传统文化授课评价上，46.2%的人认为老师授课有些古板、枯燥乏味，只通过文字呈现的传统文化缺乏吸引力，无法引起学生对传统文化的重视，难以达到改造学生思想目的。其二，很多思政课教师一味传授理论性过强的思想原理概论，忽视了传统文化与思政课衔接的可能性，造成课程缺乏吸引力、流于形式，教育效果不佳。其三，把课堂教学看作是思想政治教育的唯一阵地。局限于课堂、忽视课外实践的思政课很难让大学生对传统文化产生具体深刻的认识和理解，进而也就削减了传统文化的教育作用。其四，很多高校正在利用新媒体平台，尝试传统文化和思想政治教育的融合性教学，虽成效初显，但未能达到理想效果。

三、中华优秀传统文化融入大学生思想政治教育的路径

新媒体时代，将优秀传统文化融入大学生思想政治教育，必须以"四个课堂"为载体，加强优秀传统文化的创新传承，切实发挥其对思想政治教育的育人价值。

加强"第一课堂"——特色课程的打造。课堂教学是大学生接受思想政治教育的主阵地。高校要加强学科建设，开设传统文化必修课程，增强学生对传统文化的重视和学习。在互联网+的发展前提下，优秀传统文化能够在更广阔的平台下获得更多的深度理解和解析。授课者要利用新媒体，展开对传统文化资源的挖掘和解读，找出优秀传统文化与现实生活的契合点，彰显传统文化的鲜活性和现实价值，让大学生在实体课堂上接受优秀传统文化的熏陶。还要注意转变以试卷为主的对课程学习的传统考查方式，引导学生研习文化典籍，撰写学术论文，不断加深对传统文化的认知，进而提升传统文化素养。

另外高校思想政治教育者要根据新媒体时代下大学生的思想现状，深入调研，根据大学生思想状况的实际特点，革新以往传统说教的教育方法，学习并构建当代大学生所喜闻乐见的话语体系，提升教育效果。要适时将优秀传统文化灵活融入思政课堂，为思想政治教育增添新的内容，优化思想政治教育体系，切实增加思想政治教育的吸引力；要创新教学方式，运用各种新媒体手段，采取大学生乐于接受的方式，如故事视频、动漫等形式激发学生对传统文化的兴趣，切实增加大学生对中华优秀传统文化的理论认知度和文化认同感。

推动"第二课堂"——实践活动的开展。第一，在校内，线上线下联合开展如"国学

达人""中华好诗词""传统文化微课设计大赛"等传统文化知识竞赛活动,活动前期要利用新媒体做好网络宣传工作,鼓励学生展开对传统文化的深入学习,激发学生参与兴趣,并将参赛作品上传至新媒体平台,让学生在线进行浏览、品鉴、讨论,票选出优质作品在高校各媒体进行转载,扩大活动影响力,提升传统文化的感染力。

第二,相比文字方式呈现的传统文化,古砖旧瓦承载的历史文化更能引起学生对中华文化的生动感受。要鼓励学生利用寒暑假期开展形式多样的社会实践活动,如调查传统民俗民情,参观历史博物馆、文化遗址等,让学生在实践中切身领悟中华文化的源远流长和博大精深,鼓励学生将经历撰写成社会实践报告并择选优秀篇章刊登在公众号等新媒体平台,从而加强其对传统文化的理解和感悟;同时鼓励学生参加山区支教、扶残助困等志愿服务活动,践行传统文化所提倡的美德精神。

促进"第三课堂"——校园文化的培育。校园文化能折射出一个学校整体精神的价值取向,是具有引导功能的教育资源,其作为一种环境教育力量,对学生的健康成长有着巨大的影响。将传统文化融入校园文化建设,能够让大学生在潜移默化中接受传统文化的熏陶,构筑健康人格。

第一,重视电子校刊、宣传栏、广播等校园宣传阵地,开设介绍传统文化的特色栏目,或通过漫画连载的方式绘制传统文化故事,增强传统文化的生动性,达到教育目的;同时鼓励师生进行投稿,刊登解读传统文化的优质篇章。

第二,学校的硬件设施是传播传统文化的重要载体,如特色校史馆、党史馆、荣誉展览室等都可以成为思想政治教育良好的宣讲室。加强文化设施建设,能够让学生在良好的校园文化氛围中不断提升对传统文化的认识,从中感受传统文化的魅力。

第三,近年来,高校新媒体建设渐呈蓬勃趋势,这为依托校园新媒体平台推动传统文化的传播带来了契机。建议学校网站和各二级学院微信公众号开设传统文化专栏,关注大学生喜爱的传统文化节点,增强推送内容的教育性和趣味性,提升传统文化的吸引力。

第四,创新传统文化解读方式,多形式讲述传统文化故事。在线征集创意解读传统文化的动漫或者微视频作品并进行转载,吸引学生对传统文化的关注。

推进"第四课堂"——新媒体平台的建设。新媒体时代是以利用数字、网络、移动技术,通过互联网等渠道以及电脑、手机等终端,向用户提供信息和娱乐服务的媒体形态的出现为标志的,新媒体具快捷性、大众性等特征。新形势下,其迅速发展为优秀传统文化融入大学思想政治教育提供了新的契机,增强了传统文化融入大学生思想政治教育的时效性、互动性,扩大了传统文化的受众面。

根据新媒体时代大学生通过网络交流的普遍趋势和在线学习的新方式,科学设计传统文化教育教学内容,注意内容的宽泛性和教育性,涵盖各类型传统文化的表现形式,打造传统文化特色网课,为各专业学生量身定做"随身课堂"。并利用微信、论坛、学习APP等新媒体平台,挖掘更多的优秀传统文化课程,实现资源的共享,方便学生在线学习传统文化,根据自己的精神发展需求寻找适合自己的优秀传统文化资源,获得促进自身发展的文化营养。利用新媒体平台开展互动及时、交流充分的教育活动。教师可将一些优秀传统文化的相关书目等传至平台，引导学生加强对传统文化的认知和学习，并鼓励其发表自己学习传统文化的感悟或困惑，营造师生、生生共同学习交流的良好氛围，同时还应注意建立学习积分考核机制，督促学生的学习。让学生依托互联网不断更新对传统文化的理解，接受传统文化的熏陶，促进个人全面发展。

  优秀的传统文化是一个国家和民族文化与精神层面的集中表达，也是我们珍贵的文化宝藏。借助新媒体的力量，加强优秀传统文化的挖掘和阐发，并将之融入高校教育体系中，为传统文化在思政教育中创造良好的生长环境，不仅有利于中华优秀传统文化的传承和弘扬，更能切实发挥其对思政教育的德育价值，让传统文化的精髓不断涵养大学生的品格，促进其全面发展。

第五章　新时代传统文化与大学生思想政治教育融合路径

第一节　传统文化环境下大学生思想政治教育

中华优秀传统文化与思想政治教育相结合，是探索大学生思想政治教育的新路径。要真正发挥传统文化在大学生思想政治教育中的作用，必须对两者进行进一步的探究，因此，当前研究的重要领域是建立思想政治教育与传统文化结合的有效机制，充分发挥两者长处，做到尽善尽美。

一、中华传统文化与思想政治教育的关系与影响

（一）中华传统文化与思想政治教育的关系

中华优秀传统文化是中华文明的精髓，习近平主席在一系列重要讲话中高度评价了中华传统文化，指出："中华传统文化已经成为中华民族的基因，根植在中国人内心，潜移默化地影响着中国人的思想方式和行为方式。"在十九大报告中总结："坚定文化自信，推动社会主义文化繁荣兴盛。"无疑反映了中华传统文化的重要性。优秀的传统文化已深深地融入中华民族血液之中，是我们的"根"和"魂"，是推动文化传承创新、凝聚民族共识建设社会主义先进文化的基础。思想政治教育概念虽产生于现代，但其含义源于中国传统文化，古称教化。所谓教化，《说文·支部》云："教，上所施下所效也。"《说文·匕部》云："化，教行也。""教化就是运用从上而下的教育手段，来转变人心和风俗，从而建立起稳固的统治秩序。"因此，要根据国情，以现代的思想政治教育学原理为指导，不断整理、深化中华优秀的传统文化，提炼出有利于大学生思想政治教育的理论研究。

（二）中华传统文化对大学生思想政治教育的影响

中华传统文化中的德育观与大学生德育培养。我国学生中不乏在校成绩优秀，但进入社会无法适应公司竞争、合作等而不被企业认可的例子。我国高等教育存在着重视理论教育而忽视素质培养的情况。中华传统文化在取其精华、去其糟粕的发展中，形成"以爱国主义、集体主义、社会主义教育为内容并加之以共同理想教育等信念，使分散的个体凝聚

起来，形成强大的道德合力，符合当代高校提倡'立德树人'总目标的要求"。

当代大学生的德育问题关乎祖国的未来和发展，引起了国家的高度重视。中华优秀传统文化德育观能够为当代大学生德育教育提供参考。我们常告诫学生"勿以善小而不为，勿以恶小而为之"，中华传统文化认为个人良好的道德品质是成人的根本，这一点正是当今思想政治教育所需要的。

中华传统文化中的修身观与大学生人格培养。中华传统文化把修身作为立身之本，《大学》有曰："修身齐家治国平天下"，把"修身"放在首位；《论语》曰："吾日三省吾身"；宋代儒学强调格物致知、心学和理欲之辨；近代蔡元培、陶行知极力强调要学生"砥砺前行""奋斗向上"。贯穿古今，中华文化都勉励广大学子通过修身以适应和改造社会。这一观点与思想政治教育的出发点不谋而合。

在多元化的世界背景下，如何有效地运用马克思主义理论武装大学生头脑，引导大学生树立正确的世界观、人生观、价值观是大学生思想政治教育工作的核心工作之一。大学生的修身观是对理想、信念、道德、精神、品质、人格、人生目标等主要特征的反映。中华传统文化中所提倡的修身观可以帮助大学生提高人格素养，弥补现代教育重理论的缺失和不足，两者结合，更强化大学生的人文素质，帮助学生修身养性，形成具有中国特色丰富多彩的校园文化。

二、中华传统文化与大学生思想政治教育结合存在的问题

（一）未形成完整的教学体系

大多数高校没有设置与中华传统文化相关的专业课程，多是公共选修课，以培养兴趣为主，缺乏有针对性的研究和系统性的课程体系。很多学校在对"传统文化的教育宣传过程缺少实施的载体，没有确定性的教育宣传内容，空谈传统文化的精髓之处，显然达不到预期的教育效果"。

（二）高校缺乏专业师资

中华传统文化教育工作起步较晚，很多讲授中华传统文化的老师并非科班出身，多是半路出家。中华传统文化知识内容纷繁复杂，如果老师不够专业，未能系统讲授中华传统文化知识，导致学生一知半解，不仅不能帮助学生形成科学、合理的教学体系，更会断章取义，造成学生对中华传统文化的误解。当前，各高校急需一支具有专业从事传统文化教育研究和实践的教师队伍。如何更好地将中华传统文化与大学生思想政治教育相结合，深入浅出、潜移默化地教导学生，是亟待解决的问题。

（三）互联网信息良莠不齐，学生难以辨别

随着"互联网+"的发展，各行各业都应当理智对待其中的机遇和挑战。不仅给大学

思想政治教育工作带来巨大的冲击，更给中华传统文化的传播带来前所未有的挑战。在学校，互联网平台极大地扩展了学生的视野，对渴求知识的大学生来说，无疑是学习知识的平台和工具，但是因其具有自主性和私密性，面对良莠不齐、铺天盖地的消息，学生很难辨别，容易被其误导，形成片面的世界观、人生观和价值观。

三、中华传统文化环境下大学生思想政治教育策略

（一）完善大学生传统文化课程体系

课堂教学是大学教育的主要阵地，应当完善大学生传统文化课程体系。各高校应当充分结合自身特色和教学资源，通过系统化的必修课、选修课等形式，增加中国优秀传统文化的课程，增设各类优秀传统文化讲座，使学生多方向、多渠道选择学习中国传统文化的方式。同时，通过渗透的方式将传统文化融入各个学科的教学过程，帮助学生深入了解优秀传统文化的精髓，更好培养学生的思想品德和人文素养。

（二）完善高校师资队伍

高校教师作为大学教育的主要群体，在教育中应主动融入中国优秀的传统文化。不论是思想教育工作者还是专业课老师，都应当主动吸收中华传统文化中的精华，将其融会贯通于整个教学体系中，探究、反思和改进现有的教学模式，因材施教，润物无声地培养学生的道德修养。"当前，高校重点建设和投入的是传统文化师资力量的储备尤其是具备全面传统文化理论和实践综合知识的人才培养，重点培养具有较高理论研究水平的教师队伍，在教学过程中不断探索实践的要求和规律，总结实践经验，为丰富和不断加强传统文化教育工作做好基础的。"

（三）打造大学生优秀传统文化互联网平台

当今，可以说每一位大学生的成长都打下了互联网的烙印，他们把网络看作生活必需品，网络必须承担起大学生思想政治教育的使命。为更好地打造网络思想政治教育平台，必须要结合我国优秀的传统文化。

首先，加强网络监管，营造和谐清朗的网络环境，掌握舆情信息，要注意学生关注的热点并给予正向引导。其次，各高校应当结合自身特点，打造中华优秀传统文化与思想政治教育相结合的网络平台。通过视频、音频、动漫等学生喜闻乐见的形式，为学生营造良好的网络氛围，使学生在潜移默化中学习到优秀的传统文化与思想政治知识。最后，随着手机、平板电脑等普遍使用，微平台在推广思想品德教育中发挥中坚作用。通过微信公众号、微博、讨论组等的推广，使学生不但成为思想政治教育的受教育者更是优秀传统文化的传承者。

（四）营造大学生优秀传统文化环境

环境对大学生的世界观、人生观、价值观起着尤为重要的作用。第一，利用传统文化丰富大学生的第二课堂，与大学生的实际需求相结合。通过学生喜闻乐见的方式，如朗诵比赛、征文比赛、歌咏比赛等形式，激发学生热情，不但增加学生的民族认同感，更使大学生成为第二课堂的参与者和受益者。

第二，通过学校与社会相结合，打造传统文化平台，利用实习、参观考察等机会培养学生价值观，提升学生的自我认同感和民族自信心和自尊心，将他们在课堂中学的理论知识运用于实践之中。

第三，通过潜在的环境影响大学生的思想政治水平，因此各高校应当注重学生的环境教育，通过家校结合、社会与学校结合的方式，形成文化圈，更好地营造学生喜闻乐见的校园氛围，打造优秀校园文化环境。

当下，国家既重视大学生思想政治教育，也重视中华传统文化的继承和发展，将两者有机地结合起来，不但丰富了大学思想政治教育的内容和方法，更给中华传统文化注入了新的生命力。作为大学生思想政治教育工作者的我们应当砥砺前行，将大学生思想政治教育推向更美好的明天。

第二节 传统文化对大学生思想政治教育的价值

习近平总书记在主持召开学校思想政治理论课教师座谈会强调："中华民族几千年来形成了博大精深的优秀传统文化，我们党带领人民在革命、建设、改革过程中锻造的革命文化和社会主义先进文化，为思政课建设提供了深厚力量。"基于此，将中华优秀传统文化中的养分与社会主义先进文化相融合，将文化力量植入大学生思想政治教育中，提升学生理论素养，增强文化自信，让思想政治教育有根基、有实效。

一、优秀传统文化对大学生思想政治教育的要义阐释

文化是民族生存发展的力量。人类社会的每一次更替、人类发展进程的每一次进步都离不开文化的重要力量。无论是战国时代的百家争鸣还是救亡图存的百日维新；无论是民主、科学的新文化运动还是解放思想实事求是的改革开放，历史和现实的经历都向我们诉说着精神文化的强大力量。每一次重大的历史变革，文化都能够走在变革浪潮的前端，为人民发声，指引行动，坚定且正确地走下去。仅仅有物质的丰富是无法实现中华民族的伟大复兴，先进的文化引领是民族复兴和发展的必要条件。

优秀传统文化是思想政治教育的不竭源泉。党的十九大以来，以习近平总书记为中心的党中央对传统文化的思想政治教育价值十分重视，多次在讲话中提及，不仅有优秀传统

文化的重要地位，同时也有传统精神文化与社会主义先进文化、与世界文明及文化的紧密关系。这就要求我们不仅要将优秀的传统文化传承下来，同时也要有机地将中华民族的优秀精神品质和思想政治教育相融合，自觉地更新传统文化的精神内涵与时代精神相匹配，丰富传统文化精神内涵以促进思想政治教育持续性发展。

中华民族有着五千多年的历史，五千多年中形成了灿烂辉煌的中华文化：给后人以万物启迪的诸子哲学思想、博大精深的历代文学艺术、根植于内心的民族价值观，这些都已经深深烙在中华儿女的脑中，融入日常生活的点滴之中，因此以传统文化为思想政治教育的载体是非常自然且有效的，以优秀传统文化的内容呈现方式为载体，以传统文化的实践过程为依托，在潜移默化中实现教育的意义。依靠文化的力量进行思想引领和教育成为发展的重要要求。

二、优秀传统文化与大学生思想政治教育融合的原则遵循

坚定的政治方向性原则。习近平总书记在全国高校思想政治工作会议指出："高校思想政治工作关系高校培养什么样的人、如何培养人以及为谁培养人这个根本问题。"通过优秀传统文化的学习、传播进行思想政治教育最根本的就是坚定正确的政治方向，牢牢把握住"为谁培养人"这一根本命题。

"我国高等教育肩负着培养德智体美全面发展的社会主义事业建设者和接班人的重大任务，必须坚持正确政治方向。"在教育过程中坚持中国特色社会主义道路，将传统文化与红色革命文化、社会主义先进文化结合，帮助学生坚定理想信念、明确行为规范、增强民族自信和文化自信，从而更加坚定社会主义道路，强化民族凝聚力。

批判继承性原则。思想政治教育要根据时代的变化和要求不断调整内容和方法。中华传统文化经过几千年的历史积淀、博大精深，但每一种文化都是在当时年代的社会条件的影响下形成的，中华传统文化生生不息、永葆魅力的原因就在于其在一代代传承的基础上不断与新的时代精神相结合，将腐朽陈旧的落后部分剔除，不断发展。将传统文化与思想政治教育相结合就要坚持批判继承性原则：一方面，继承中华民族优秀传统文化的精髓，探究其中的价值要义，帮助学生树立文化自信和弘扬民族精神；另一方面，要根据时代要求将传统文化与社会主义核心价值观等社会主义先进文化相结合，提取其中符合时代发展要求的部分以培养青年学生正确的世界观、人生观和价值观，帮助他们开阔视野，推动思想政治教育的创新性发展。

学生主体性原则。思想政治教育是教师和学生主、客两方面相互的过程，学生在整个过程中有着十分鲜明的主体性。教育的内容和方式都应以学生为思考的主体。教育客体的单方面内容灌输是无意义的，要尊重学生的"主体地位"，选择学生喜闻乐见的文化教育方式，如传统音乐、诗词、习俗等；要不断提升学生的"主体意识"，发挥他们的主动性和创造性，鼓励学生在学习接受的过程中再创造，用新形式诠释旧内容，培养他们的自主

意识和能力，将优秀传统文化与思想政治教育的融合更为自然、有效。

三、优秀传统文化在大学生思想政治教育中的路径实现

营造良好的传统文化思想教育环境。高校是进行大学生思想政治教育的重要场所，学校中的文科学院是将传统文化与思想政治教育相融合的最有利基地。优秀传统文化既是学生需要掌握的专业知识，同时在传统文化的学习中，牢牢把握学生思想动向，让学生深刻感悟到民族和国家社会的优越性、自豪感。

良好的教育环境是进行教育的基础。营造积极向上、自强不息的学风是一切教育的基础。要培育道德优良、文化深厚的社团集体，以多样化的传统文化校园活动为抓手，塑造大学生向善向上的精神面貌，增强学生对于中华传统文化的认识和了解，增强文化自信，并通过校园文化和社团组织等载体，充分挖掘"第二课堂"的思想政治教育作用，扩充文化活动的思想政治内涵，丰富思想政治教育形式。

夯实传统文化实践与时代发展结合的基础。教育不应只在校园内，应该将教育带出校园、走向社会、植根于每位学生的心中，这才是教育之根本价值所在。传统文化在思想政治教育中的融合要做到巧妙地与时代精神相结合，尽可能多地让大学生从知识的接收者转变为知识的传播者，充分发挥他们的主体意识。在教学活动中增强他们对民族文化、民族精神的传承使命感，让大学生对志愿服务、贡献社会有更深刻的理解，使之作为社会主义的接班人的责任意识更为强烈。

创新传统文化网络思想政治教育模式。随着互联网与传统校园教育融合的不断发展，在互联网＋时代，利用互联网等新形式发挥传统文化的思想引领作用已成为必然趋势。高校的网络要专门开设传统文化专栏，教务部门开设传统文化网络选修课、慕课等，邀请相关专家进行网络直播，与学生互动交流，授课形式要灵活多样；同时重视新媒体、自媒体形式的应用，开辟微博、微信公众号，学生获取知识突破了空间和时间的限制，在日常的潜移默化中加强思想引领。

第三节 传统孝文化与大学生思想政治教育的有机融合

一、传统孝文化的历史沿革和基本内容

（一）孝文化的起源

首先，"孝"起源于宗法制度。宗法制度是分封制度的基础，它是在原始时期的父系家长制度基础上不断演化，直到西周时才发展完善的一项基本政治制度。它是以血缘关系

为纽带、强调敬宗尊祖、实行嫡长子继承制进而维系尊卑贵贱的等级秩序和分配政治权利。它的实施加强了统治秩序，在一定程度上解决了各贵族之间的矛盾纠纷。宗族之间的关系是以血缘关系为基础建立起来的，血缘关系存在于家庭和家族中。在家庭中，子女们对待自己的父母必须孝顺尊敬。在阶级社会中，统治者要想将这种社会结构维持下去，必然十分重视对公民伦理道德观念的培养。孝道观又是其核心，统治者实施的以血缘关系为纽带的宗法制十分重视孝道观念特别是尊宗敬祖，因此，传统孝文化源于宗法制度。

其次，"孝"是社会生产力发展的结果。我国自古以来就是农业文明为主的国家，通过对农耕经济的分析，可以发现孝观念的产生和农业社会是发端于同一个时期的。在原始社会，生产力低下，工具也十分简单，人民主要靠狩猎为主，这样的生活条件使人们吃不饱、穿不暖，特别是对于一些身体不好的且已经丧失劳动能力的年迈人来说，他们可能是自己部落的一种累赘。通常在这种情况下，部落一般是将这些没有生存能力的人抛弃。随着生产力的提高，人类社会进入农业社会，通过农业生产，使得氏族在物质层面得到一定的满足。老人们也不必担忧自己的生活没有来源保障，这时候他们会去思考自身的养老问题。加之年长的人们生产经验丰富，在晚辈那里成为智慧的化身。久而久之，在人们心中孝道的观念便产生了。因此，随着生产力的提升、农业生产的发展，不仅使人们生活得到了保障，而且还推动了孝道观念的产生和孝文化的发展。

（二）孝文化的历史沿革

孝道观念源远流长，在公元前11世纪，就出现了"孝"字，在甲骨文中最初的记载并不是"孝"字本身，而是"考"字和"老"字的组合。在夏商社会时期，原始氏族的风俗习惯仍旧保持着。后来，武王伐纣，建立西周，建立政权初期，进行了一系列的政治文化改革，特别是宗法制的完善和发展，由此"孝"的内涵逐渐的丰富起来。当然，最早将"孝"进行论述，使之成为系统化理论化的阶段是先秦时期，那便是《孝经》的出现，作为儒家的经典著作之一，在这本书中，重点强调了孝的作用和地位，还明确告诉人们：圣人如何用孝道文化去教化百姓，君主如何用孝道去治理社会和天下，平民百姓应该如何孝敬自己的父母长辈。在这个时期，孝不仅仅对个人修养与家庭和睦提出了要求，而且上升到国家政治层面，因此，孝文化的内涵得到进一步的拓展。到了两汉时期，出现了"以孝治天下"，孝逐渐成了国家意识形态的主流，这对于封建道德家长制度的形成起到很大的作用。汉朝特别是两晋以后，受董仲舒"三纲五常"等思想的影响，统治者将孝文化作为封建统治的法宝来禁锢人们的思想意识，使孝文化烙上了政治的印记，成为一种统治工具。1848年鸦片战争的爆发，中国进入近代社会，随着西方文化如"自由、民主、博爱、平等"等思想的入侵，中国国民的主体意识也慢慢地有所觉醒，在一定程度上冲击了孝文化的绝对性和专制性。到了新文化运动时期，传统孝文化受到了严重的批判和冲击，并在当时一些先进思想家的引领下，传统意义上的孝文化出现了一定的转型化的发展。一直发展至今，孝文化已经成为社会发展必不可少的一部分，孝文化对于社会的和谐、国家的兴盛、民族的团结、世界的和平都发挥着重要的作用。

(三) 孝文化的基本内容

中国传统孝文化经过几千年的发展，内容十分丰富，但就基本内容来讲，主要包括以下三个方面：

第一，养亲和敬亲。养亲即赡养父母，对于子女而言这也是最基本的行孝方式。这里所说的赡养不仅仅包括要满足父母物质层面的需求，还有精神上的需求。物质需求的满足一般是很容易满足的，主要是指子女对自己双亲的衣食住行等日常生活的满足，更重要的是精神上的慰藉和心理上的满足。在达到养亲的基础上，还需要敬亲，也就是尊敬自己的父母双亲，用虔诚的态度发自内心地去孝顺父母，表达自己对父母的尊重。

第二，惜命和扬名。"身体发肤，受之父母"，既然父母给予了自己生命，就需要珍爱自己的生命，懂得它的宝贵，这便是"惜命"之意。在日常生活中，其实爱惜自己的身体、珍爱自己的生命，也是对父母尽孝、行孝的一种表现。扬名是指一种光耀门楣或者光宗耀祖之意，进而彰显个人的价值，即用自身优秀的品行去影响他人、贡献社会，这也是扬名的一种表现。

第三，传宗接代。传宗接代也是孝文化的一项基本内容。"不孝有三，无后为大"，这句话表达了传宗接代的重要性，这里所说的"孝"意为生命的延续。在中国古代社会，百姓会举办祭祀来祈求上苍让他们多子多孙，保佑他们的后代。生儿育女是作为子女的首要义务，这也是子女们孝行的一种表现。经过长期的发展，生儿育女、传宗接代作为孝文化的基本内容延续下来。

二、高校大学生孝文化缺失现状

(一) 关爱意识薄弱

儒家"仁爱"思想几千年来一直是中国传统文化的主要推崇，它的基本思想是"和谐"，即要求社会中的每一个个体之间都能够互帮互助、关爱他人。由于市场经济的快速发展，社会上各种思潮的涌动使学生有时不能正确地识别真假和虚伪的现状，甚至在各种利益的诱惑下误入歧途。当今社会仍然还有许多不符合孝文化的内容，很多大学生都将仁爱之心抛之脑后，只考虑到个人感受。在人际交往中，往往表现为自我为中心，而对他人冷漠与无视，关爱意识薄弱。在家庭里，往往表现为跟自己的父母发生言语上的冲突，顶撞父母甚至有些学生还跟父母打架，不顺心时便向父母发脾气，没有真正关心父母的需求和想法。在学校里，有些学生谩骂并顶撞老师、与同学相处不和，这都是关爱意识薄弱的表现。

(二) 感恩观念淡薄

感恩观念是指当他人给予自己帮助时，在头脑中会形成一种回报意识。在感恩观念的指导下，表达对他人的感恩，不仅帮助自己建立良好的人际关系，而且有助于社会的和谐和稳定。从感恩父母到学校、社会、国家，这都是同一个系统，它们之间是有机统一的。作为子女，需用孝道教育去感恩父母。父母的基本要求就是生命的健康及生活的快乐、幸福，也许这就是对他们最大的感恩回报，但是在高校中，有的学生可能因为学业压力、情感问题等方面的困难挫折，不能去正视自身问题，便去躲避，甚至轻易地放弃自己的珍贵生命。作为一位公民，需要为社会服务、为国家效力，这也是当代大学生感恩意识的体现。中国特色社会主义进入新时代，学生每时每刻都在享受着国家和社会带给自己的福利。而有的大学生却一边享受着国家的教育政策和社会资源，一边认为这是理所应当的，且无须进行回报。

三、大学生孝文化缺失的原因分析

（一）家庭因素

"不能让孩子输在起跑线上"，这句话不仅表达了中国的超前教育的现状，而且还体现了父母"望子成龙、望女成凤"的心理，特别是我国大多数家庭，特别是城市地区都是独生子女。不管是父母还是家里的长辈，都是无微不至地关心甚至是过度地溺爱，使得孩子成了家里的"小公主""小皇子"。然而，这种家庭的教育方式往往导致小孩强烈的自我中心意识，形成娇纵而孤傲的性格，表现出各种不良的习惯；在子女看来，父母满足自己所有的要求都是理所应当的，他们不了解父母的良苦用心，有时候当父母不能满足自己的要求时，甚至还憎恨父母，这都体现了孝道的缺失，这种现象与大学生自身的家庭教育有着千丝万缕的联系。

（二）学校因素

"明德至善，博学笃行"这句古言，既体现了高校的宗旨，同时又蕴含着对学生的期待。大学作为为国家培养高素质人才的主要输出地，大学生对孝文化的认知浅薄和高校的教育不足不可分割。虽然，许多高校也开设了很多思想政治素养的课程，其中也涉及了很多有关孝道的教育方面的内容，但是，在课堂中老师都是"一言堂"的教学模式，只注重理论的灌输，没有真正去关心学生有没有理解和领悟孝道的真正内涵和核心思想。而学生由于学分制的压力，也没有认真听课，只在考试前临时突击复习一下相关的内容以应付考试。这就直接导致很多高校学生对孝文化认知浅薄、行孝的实践能力低下，这难免会造成高校学生的传统孝文化缺失的情况。

（三）社会因素

随着市场经济的飞速发展，人们消费的观念和方式也发生了很大的改变，甚至用金钱去衡量一个人的价值，使得整个社会环境逐渐走向功利化，这严重地影响了高校大学生的道德观。在这样的社会氛围下,高校学生忽视了自我修养,大多追求利益的最大化,对"孝"更是曲解和淡化。此外,随着信息时代的到来,学生受网络文化的影响较大,网络流行段子很受学生的喜爱,有些段子的内容使得孝文化变得更加边缘化了。在现实生活中,社会对优秀的传统孝文化重视不够。虽然,政府也会出台相关的政策,但是在真正落实的时候,一些部门却存在着"形式主义",只注重眼前而忽视长期的目标,使得传扬优秀传统孝文化的政策落地不充分。

四、传统孝文化与大学生思想政治教育的融合途径

(一)弘扬孝文化与大学生实践活动相结合

由于大学生的孝道教育出现的知行脱节的现象,将弘扬孝文化和大学生日常的实践活动相结合更加刻不容缓。

首先,从家庭角度来看,家庭是每个孩子出生后的第一所学校,父母便是他们的第一任教师,因此,父母首先应该进行榜样示范,在子女面前切实孝老敬老爱老,引导他们做力所能及的孝行孝举。其次,从课堂实践方面看,教师可以在课堂上采用实践式教学的方法,比如说用讨论式、互动式教学等方式来调动大学生参与课堂的积极性,提升对孝的认知,进而学会行孝。再次,在校园实践方面,开展以"感恩父母"为主题的多种形式的校园活动,如相关主题的诗歌朗诵、辩论赛、主题征文活动等等。大学生通过参与这些活动,不仅丰富了高校校园生活,营造良好的校园孝风,而且调动了自身的积极性、参与性、互动性,有效地促进孝文化在高校中的传播和弘扬。最后,从社会这个层面来说,通过鼓励学生参加一些社会公益活动,如让学生去敬老院进行帮扶活动、组织学生进行"孝道"的社会调查,来切身感受当前社会的"孝道"状况,明白其重要性、必要性。

(二)发挥高校思想政治理论课的作用

学生大部分的经验来源是教师课堂上的讲授和书本的学习,因此,在教学中增加孝文化的内容是有必要的。首先,利用思想政治理论课,特别是在《思想道德修养与法律基础》对爱国主义的内容进行阐述时会涉及中华优秀的传统文化,课堂教学中可以对孝文化进行讲解和阐述。其次,结合孝文化的主要思想内涵,把感恩、责任、三观等方面的教育融入高校思想政治教育中去。通过思想政治教育的理论教育法、情感陶冶法、情景再现法等方法来活跃课堂气氛,增强课堂教学吸引力,激起学生对传统孝文化的兴趣。再次,随着社会的进步与科技的快速发展,当今的社会已经步入了信息化时代,网络也成为人们学习的一种渠道。因此,除了教师在课堂上进行相关孝文化的理论直接灌输给学生,可以利用网络这一资源媒介来改变思想政治教育理论课的教学模式,将思想政治教育理论课网络化,让大学生走在时代的前沿,了解更多创新视角的文化,开辟高校大学生学习传统孝文化的新阵地。

（三）提高思想政治教育工作者的能力

每一位教师都是思想政治教育工作者，因此，每位教师都要培养并不断提升自己的人格魅力，以优秀的思想道德素养对高校大学生形成潜移默化的影响。中国传统孝文化内涵丰富，只有思想政治教育工作者自己真正理解了，才能够传授知识给学生；同时，提升能力还包括提升思想政治教育工作者的实践能力，使教师在学生面前发挥言传身教的正面影响。在高校中，与大学生进行交流谈心最多的当属辅导员了，他们担负着对学生进行思想政治教育的主要责任，会对学生产生直接的影响，因此，针对当今高校中出现的大学生对传统孝文化的缺失现状，加强思想政治教育工作者特别是高校辅导员对孝文化的学习能力和领悟理解能力，提升高校思想政治教育工作者的文化教育能力是非常有必要的。

中国的传统文化源远流长、博大精深，而传统孝文化作为其中之一，它拥有独到而丰富的文化内涵。以学校教育作为主要阵地，家庭和社会为辅，将传统孝文化和大学生思想政治教育有机结合，通过多种途径提高高校大学生对"孝"文化的重视并加以认真学习，这不仅有利于学生的综合素质的提高和全面发展，而且对构建社会主义和谐社会也有着重大的现实意义。

第四节　传统家训文化融入当代大学生思想政治教育

传统家训优秀文化，是先辈留给后人立身处世、持家治业的智慧结晶与典范教材，构成了中华民族传统文化中最具特色的文化遗产和重要组成部分。注重思想道德修养，对大学生进行理想信念教育，激励大学生胸怀远大理想、立志成才，开展爱国主义教育、增强大学生家国情怀，以及承继中华民族勤劳勇敢、诚实守信、尊老孝亲、与人为善、和睦团结、廉洁奉公等传统美德，加强道德观念教育，从而提高大学生的思想政治素质，是当代大学生思想政治教育的重要内容，而这些优秀思想和道德品格恰恰构成了传统家训文化的核心内容。

一、传统家训优秀文化为当代大学生思想政治教育提供丰富的内容滋养

（一）传统家训注重子女教育的修身养性、以德为先

中国传统家训文化，内容丰富多彩，其核心是宣扬儒家的"修身、齐家、治国、平天下"的政治伦理思想。而"修身""齐家"是治国的基础，中国古代家训莫不注重对子女人格精神及道德素质的培养，强调品学兼优、修身养性和修行养德。《大雅》云"无念尔祖，聿修厥德"，明·洪应明《菜根谭》也言"德者，事业之基，未有基不固而栋宇坚久者"，

都强调了立德修身的重要性。诸葛亮强调以俭养德，其《诫子书》中曰"夫君子之行，静以修身，俭以养德，非淡泊无以明志，非宁静无以致远"。这也成为后世教育子女和砥砺自我的千古名言。南宋刘清之把恭敬看作是道德修养的首要之事，在其家训著作《戒子通录》中云"恭为德首，慎为行基"。

而提高人的道德修养和精神气质的一个重要方法就是学习。我国古人非常重视对子女的学习教育，认为学习不仅能够增长知识、教人明白事理，更是一个修身养性、陶冶情操的方法和过程。陈继儒《小窗幽记》中言："读书不独变气质，且能养精神，盖理义收摄故也。"读书不仅能改变人的气质，而且能培养人的精神，这是因为读书可以净化心灵，从而收摄心志、破除杂念。

（二）传统家训重视家庭成员之间的和谐相处、亲爱有加

"家和万事兴"，我国历代家训都非常强调家庭和谐的齐家之道。家庭只有和谐，才能振兴家室；只有"家和""齐家"，才能"国和""天下和"，因此，家庭和谐不仅是家道兴盛、光耀门楣的基础和保证，对维护社会安定团结、"治国""平天下"具有极大的政治意义。

在家庭人伦关系中，主要是夫妇、父子、兄弟之间的关系，正所谓"一家之亲，此三而已矣。自兹以往，至于九族，皆本于三亲焉，故于人伦为重者也，不可不笃"。这三种关系在人伦中最为重要，不能不认真对待。在夫妻关系上，传统家训强调夫妇和顺、夫敬妇听、相敬如宾。夫妇只有相敬如宾，才能和睦美满，"夫妇之际，以敬为美"。在父子关系上，强调父慈子孝。为人父要生儿有养，所谓"养不教，父之过"是也；为人子女要孝敬长辈。在兄弟关系上，强调兄友弟恭、和睦相处、亲爱有加。

（三）传统家训强调为人处世方面的为善宽达、诚信谦敬

人是社会中的人，人的人格完善要在社会生活中得以实现，因而，如何处理好和其他社会群体的关系也是古代家长十分重视的内容。总体上说，传统家训对子弟的范世教育重点在于与人为善、谦虚谨慎和宽以待人，重视仁爱、宽达、谦敬与诚信的品格修养。《钱氏家训·社会篇》中说："信交朋友，惠普相邻。恤寡矜孤，敬老怀幼。救灾周急，排难解纷。"这是钱氏先祖教育后代要以诚信交友，恩惠要普施相邻；抚恤孤寡，尊老爱幼，救济灾民周济困急，帮助遇难之人排忧解难。《袁氏世范》中言"人之性行，虽有所短，必有所长。与人交游，若常见其短而不见其长，则时日不可同处；若常念其长，而不顾其短，虽终身与之交游可也。"宽容待人、不苛责别人是谦让精神在行为处事上的一种体现。任何一个人都有自己的局限，应正确对待别人的优缺点。

（四）传统家训强调家国关系方面的胸怀天下、尽忠报国

在中国古代社会"修身、齐家、治国、平天下"，"身修而后齐家，家齐而后国治，国治而后天下平"的"家国一体"的观念，明确了家庭教育与国家、社会之间的关系，说

明了家庭的重要性，促进了传统家训中对家国一体教育的重视和这种优秀传统的形成。许多志士名人在教育后代的时候，要求不要仅仅局限于一己、一户之立场和利益，而是要心怀天下，关心百姓的生活安康与国家大局的安定繁荣。北宋"程门四先生"之一的谢良佐教育子弟说"莫为一身之谋，而又天下之志"（谢良佐《戒庵老人漫笔》）。南宋爱国诗人陆游在临终之际仍心系北疆失地，念念不忘国家统一大业，写下千古名篇《示儿》这首遗训诗，深情地嘱咐儿子"王师北定中原日，家祭无忘告乃翁"。明朝大家方孝孺一生为官奉公守法，刚正不阿，教育家人"毋以一食而忘天下，毋以苟安而忽永图。无先己私而后天下之虑，无重外物而忘天爵之贵"。把国家和人民利益放在首位，心系天下，忧国忧民。

二、传统家训教育为现代大学生思想政治教育提供教育方法上的借鉴

传统家训文化中蕴含了丰富的教育方法，如言传身教、知行合一、因人施教、奖罚结合等，为拓展和丰富新时期大学生思想政治教育的方法提供借鉴。

（一）言传身教

家长作为子女的首位也是终身教师，其言行对子女的影响尤为深刻，故古人大都要求家长加强修养，以身示教。孔子说过："其身正，不令而行。其身不正，虽令不从。"只有父母成为子女成长的榜样，良好的家风才能世代相传，进而通过一种无言的教育，对后代的成长产生积极的影响。

身教的直接体现就是以身作则。"曾参杀猪"就是一个典型事例。康熙则从帝王的角度阐述了身教的重要性，在其《庭训格言》中曰："凡人有训人治人之职者，必身先之可也。《大学》云'君子有诸己而后求诸人，无诸己而后非诸人'，特为身先而言也。"

这种言传身教的方法运用于当代大学生思想政治教育中，以教师自身的人格魅力感化人，以自身的以身示范、率先垂范来说服人，使学生在潜移默化中受到正确思想和价值观念的熏陶和影响，从而实现教化目的。

（二）知行结合

传统家训一贯强调"知行合一"的教育原则，特别是到宋代以后，家训文献中论述知行关系的文字常显于章，主要是强调读书与实践的关系，读书做学问要身体力行。其中最经典的是陆游的《冬夜读书示子聿》："古人学问无遗力，少壮工夫老始成。纸上得来终觉浅，绝知此事要躬行。"陆游一生勤学不辍，深知读书做人的况味，他以切身体会告诫小儿子陆聿，做学问要不遗余力，只有年轻时就打下扎实的功底，日积月累，到了晚年自然有所成就。但是只有书本知识是不够的，还要亲身参加实践，检验和完善自身。清代孙奇逢把王阳明的知行合一论贯穿于家训，他训诫子孙："尔等读书，须求识字。"什么叫"识"？行了才算识，不行不算识，如"读一孝字，便要尽事亲之道；读一悌字，便要尽

从兄之道"。要从自己身上一一体贴，求实至于行。

在现代大学生思想政治教育中，实现知行合一尤为重要。高校进行思想政治教育的主渠道是思想政治理论课堂，但现实中存在着重理论学习轻实践的状况，很多学生甚至个别教师仅仅把思想政治教育当成为一门必修课，感觉通过一次期末考查，学生获得相应学分就完成了教学任务。而实践当中，存在着学生思想道德认识与思想道德践行脱节的现象，很多大学生在思想道德理论认知上是正确的，但在具体的践行中却又是相悖的，因此，大学生思想政治教育中，必须把知与行结合起来，把学习与践履结合起来，把学习规范与遵守规范结合起来，使知识转化为大学生的内在素质。

（三）因材施教

家训是面对众多子孙后代的训诫，因人因时因事因物，有针对性地进行教育是重要的教育理念。因人施教是孔子首倡的一种重要的教育思想。人与人之间是有差别的，每个人都有自己的特点和个性，在能力、志向、爱好、品德上都有差别，因此实施教育应从实际出发，对不同能力、志向、品德的人采取不同的教育内容和方法。孔子在这方面做了成功的探索，他对七十二个得意弟子的个性了如指掌，施教时有针对性采取不同方式方法。唐代诗圣在对长子宗文和次子宗武的教育上，针对两个孩子的不同禀赋，施与了不同的教育内容和培养目标。对于才资平庸的长子宗文，杜甫不在学业上有所责求，而是更多关心他的身体，让他多参加一些体力劳动，并具体指导他如何干活。对于天资聪颖的次子宗武，则教以文化、传授诗艺，并寄以传承家学的厚望。

因材施教运用到现代大学生思想政治教育过程中，主要表现在针对不同的教育内容、教育对象、教育环境而进行不同的教学设计和教学方法、教学手段的选择。

（四）严慈相济

作为我国家庭教育中的优良传统，严慈相济主要强调慈爱和威严的有效结合。因为父母如果过度溺爱，而不对孩子的错误加以严格的纠正，就是失却父母的威信；而如果父母过度严厉，又会伤害到家庭的和睦。颜之推在《颜氏家训·教子》中指出，父母应该威严而不失慈爱，"父母威严而有慈，则子女畏慎而生孝矣。吾见世间无教而有爱，每不能然。饮食运为，恣其所欲，宜诫翻奖，应诃反笑。"幼儿无识无知，经常以大人的呵责与赞许、告诫与奖劝为行为可否的依据。所以对幼儿不能溺爱，不能由其所为，该赞许的时候赞许、该呵斥的时候呵斥。曾国藩主张家庭伦理道德教要育落到实处，必须使慈爱性与威严性、严肃性与民主性有机结合起来，有爱无教或严而失爱，都得不到教育的效果。他认为在关系到子女品质的原则问题上，决不能姑息迁就、妥协纵容。

现代大学生思想政治教育过程中，需要借鉴这种严慈相济的教育方法。苏联教育家赞科夫曾说："不能把教师对学生的爱，仅仅设想为用慈祥的关注的态度对待他们，应当同合理的严格要求相结合。"教师对学生的关爱和负责，不仅仅是对学生的温暖关怀和悉心教导，还必须包括对学生的严格要求，不纵容不放纵，在严慈相济中赢得学生的尊重和爱戴，树立教师的威信，而学生只有"信"老师，才能使教师的教育思想真正进入学生内心，达到教育目的。

三、传统优秀家训融入大学生思想政治教育的实践路径

（一）发掘故土深厚家训人文资源，强化大学生对优秀家训文化的认同情感

传统家训文化的指向目标是家庭，呈现的是基于血缘基础之上的家族长辈对家中子弟后辈的殷切关怀和谆谆教导，凝聚的是不可割舍的家人之间的血脉相连和命运共进。在中国人心里，"家"是人们最为熟悉且最难以割舍的港湾，是人们安身立命的有形场所和情感寄托，而家乡故土则是承载家庭、孕育族人生生不息的地方，承载的是人们对它的亲近与眷恋，同时也是悠久的历史文化和浓郁的乡愁情感。

以河南为核心的中原文化，是中华文明的发祥地和核心组成部分，亦是包含着丰富的传统家训文化。诸如，北宋末年抗金名将岳飞，生于相州汤阴县永和乡孝悌里，就是今河南安阳市汤阴县程岗村。岳母刺字教子尽忠报国的故事早已家喻户晓。《岳氏家训》教育岳氏后人要"所执各业，勿怠勿荒，学优则仕，成栋成梁""忠国事亲，蹈火赴汤""仁和修身，敬老尊长，谦虚谨慎，进取无疆"。又如，北宋名臣素有"包青天"美誉的包拯坐镇开封府，公正廉洁、刚直不阿、执法如山。晚年为子孙后代制定了一条"后世子孙仕宦，有犯赃者，不得放归本家，死不得葬大茔中。不从吾志，非吾子孙也"的严格家训。这则家训既是包拯对子孙的告诫，也是他一生的品格写照。再有，在今河南省焦作市武陟县詹店镇，坐落着始建于明朝嘉靖二十二年（1543 年）的何瑭纪念馆，纪念馆内存放着《何氏家训家规》。何瑭一生为官清正、刚正不阿，他教育儿子何显宗说："见财，莫贪；见光，莫沾；亏心事，莫办；伤天害理事，莫干。"何显宗牢记父亲的训教，为官清正廉洁，深受广大百姓的拥护爱戴。

挖掘家乡故土这些深厚的传统家训人文资源，不仅可以发掘家乡深厚的优秀文化根基，增强大学生对家乡的热爱和由衷的自豪感，还能够强化大学生对优秀家训文化的情感认同与自觉践行力。

（二）汲取家训优秀文化精华，推进优秀家训文化进课堂

习近平总书记在庆祝中国共产党成立 95 周年大会上的重要讲话中指出："文化自信是更基础、更广泛、更深厚的自信。在 5000 多年文明发展中孕育的中华优秀传统文化，在党和人民伟大斗争中孕育的革命文化和社会主义先进文化，积淀着中华民族最深层的精神追求，代表着中华民族独特的精神标识。"中华优秀传统文化为大学生思想政治教育工作提供了丰富的资源。传统家训文化，是中华民族传统文化中最具特色的文化遗产和重要

组成部分，是先辈留给后人立身处世、持家治业的智慧结晶与典范教材。高校应当充分挖掘家训优秀传统文化的内涵，汲取家训中华优秀传统文化的营养，把家训优秀传统文化渗透于思想政治课堂教学之中。

例如，在大学生的《思想道德修养与法律基础》课的教学当中，可以把传统家训中对子女的"立志成才"教育与"大学生理想信念"教育结合；把传统家训中的"尊老孝亲""兄友弟恭"与"家庭美德"教育结合；把传统家训中的"忠君报国""廉洁奉公"与"以爱国主义为核心的爱国主义"教育相结合，等等，一方面加强大学生对传统文化思想精华的认可和继承；另一方面培养大学生运用马克思主义方法论、认识论对传统家训中的有关思想进行思辨认识和分析的能力。

（三）丰富校园文化，开展家训家规进校园活动

校园文化建设是当代大学生思想政治教育的重要途径，通过校园文化建设大学生不仅可以提高自己的个人修养与意志品质，同时还可以坚定自己的理想信念，提高自身的思想政治素质。

家训家规进校园活动，形式是多样的，可以是"传统家训经典诵读"，也可以是"家风家训伴我成长"家教故事征文；可以是"尊老孝亲"模范大学生人物评选，也可以是"家风家训与中国文化"的专题报告等。家风，连着民风，连着党风，连着国风，承前启后，继往开来，千千万万个家庭就是国家发展、民族进步、社会和谐的重要基点。加强家训家风优秀传统文化进校园活动建设，有助于弘扬中华传统优秀文化，推动良好家训家风的传承，培养大学生的家国情怀。

（四）运用校园网网络资源，开辟传统家训文化网络教育新板块

高校校园网在整个学校的运行过程中发挥着重要作用，也是大学生思想政治教育的重要渠道和平台。开发建设高校校园网，既是主动占领网络思想政治教育新阵地，进一步加强和改进大学生思想政治教育的重要举措，同时也是引导大学生健康成长，培养社会主义建设者和接班人的迫切需要。

运用高校校园网，开设传统家训文化专题板块，拓展弘扬传统家训文化新路径。而网络宣传技术形式也是多样的，可以充分利用网络技术制作微动画，或幻灯片展示增加内容丰富性和吸引力，向大学生提供思想性、教育性、趣味性强的网络家训文化资源，释放网络正能量，塑造当代大学生新风尚。

总之，传统家训文化是中华民族传统文化宝库中最具特色的重要组成部分。把传统家训优秀文化融入当代大学生思想政治教育，一方面可以丰富大学生对民族传统文化体系的深层认识，进一步增强对中华民族优秀传统文化的认同感和自豪感，有助于促进大学生对优秀传统文化的自觉学习和传承；另一方面，也是对中共中央、国务院印发《关于加强和改进新形势下高校思想政治工作的意见》中关于"推进高校思想政治工作改革创新"总体

要求和坚持"文化育人"基本原则的积极贯彻和落实，是创新大学生思想政治教育方法路径的新探索。

第五节 传统诚信文化融入大学生思想政治教育的思路

高校对于人才的培养，既要关注专业知识学习，同时也要重视思想政治教育。综合素质优异的大学生，更容易得到社会的接受和认可。通过思想政治教育，学生能够树立正确的人生观和价值观，产生积极、健康的思想观念，对于其学习和成长有着积极的帮助作用。在思想政治教育中，往往具有鲜明的时代特征，反映出当代社会的道德标准。同时还需要将传统的诚信文化理念融入其中，推动优秀传统文化传播和发扬的同时，进一步提升思想政治教育的实效性。

一、传统诚信文化在思想政治教育中的重要价值

提升大学生的道德品质。在我国传统文化中，一直将诚信作为重要的道德品质，也是衡量一个人品质的标准。"人之所助者，信也"（《周易·系辞上》）、"人而无信，不知其可也"（《论语》）、"言不信者，行不果"（《论语·为政》）均强调了诚信的重要性，认为诚信对于一个人的成长与发展产生着积极的影响。齐家、治国、平天下是一个人的志向，但是需要以修身作为基础，而诚信是修身的基本素质。在当代社会，传统诚信文化同样具有重要的价值。在人际交往中，只有以诚待人，才能赢得信任和尊重。在高校思想政治教育中，将传统诚信文化理念融入进来，能够让大学生更加深刻地理解和理解诚信，认识到诚信的价值，进而提升大学生的道德品质。

形成和谐、友好的校园风气。高校的思想政治教育中，加强传统诚信文化的宣传。在大学生的学习、生活管理中，需要围绕诚信，建立相关的规则、规范，用来要求大学生的日常行为，形成良好的秩序。大学生在做到诚实守信的同时，能够自觉约束自身行为，有助于建立和谐、友好的人际关系，进而形成良好的校园风气。传统诚信文化的弘扬与传播，其影响力不会仅局限于校园内，而是持续扩大范围，影响到整个社会环境，提高社会居民对于诚信的重视，建立和谐、稳定的社会秩序，有着十分重要的社会价值，为大学生的学习和成长创造良好的环境条件。

有益于大学生的个人成长。高校在人才培养的过程中，需要认识到诚信对大学生个人成长的重要影响。在学习、生活和社会交往中，大学生需要将诚信作为基本信条，加强自我约束，严格管理自身行为。人与人之间的诚信，能够增进情感，构建良好的信任关系。国与国之间的诚信，有助于增加文化、经济等方面的交流，对于维系和平有着积极的影响。传统诚信文化教育的开展，能够让学生始终坚持诚实守信的原则，提升其个人品质，并可

以践行于个人的行动中,不断学习和进步,有益于大学生的个人成长,使其成为一名高素质的优秀人才。

二、大学生的传统诚信文化教育

加强传统诚信文化的宣传。为了将传统诚信文化与大学生思想政治教育有机结合,需要加强对诚信文化的宣传,强化学生的思想认识。在传统诚信文化教育中,教师需要以身作则,通过自身的诚信行为来影响学生,在教育教学、学术研究以及科研实验中,均需实事求是,公平、客观地进行评价,杜绝抄袭、造假等行为。山东建筑大学在大学生思想政治教育中,深入挖掘当地的传统文化资源。作为孔孟之乡,传统诚信文化理念在山东省有着深厚的根基,为传统诚信文化的宣传创造了良好的基础条件。在校园内设置宣传栏、张贴宣传海报,将古今中外家喻户晓的诚信故事作为宣传内容,如曾参杀猪、商鞅立木为信、季布"一诺千金"、曹操断发等。在此基础上,利用电视、网络、纸媒等多种途径,加大传统诚信文化的宣传力度;另外,可以选取《三国演义》《水浒传》等传播度较广的影视作品,利用其中的诚信典范,加深学生的印象,同时便于其理解和认知,逐渐树立正确的价值观念,保持积极、健康的思想状态。

将传统诚信文化融入于生活。将传统诚信文化融入大学生思想政治教育,能够提高大学生对于诚信的认识,帮助其形成良好的诚信意识。与此同时,大学生还应该将诚信践行于个人的学习、生活以及人际交往中。在山东交通大学,开设有"诚信窗口""诚信水源"以及"诚信小店",在无人监督的情况,学生能够自主选取商品,自觉刷卡付款。这是对学生的诚信考验,能够强化学生的诚信观念,并形成良好的守信行为每一名学生都能够做到诚实守信,并未出现失信行为。目前,山东交通大学校内的"诚信窗口""诚信小店"越来越多,为广大学生提供了便捷的服务,学生也从中得到了成长和进步。将传统诚信文化融入于生活,有助于诚信理念在思想政治教育中的渗透,帮助学生养成良好的文明习惯。

综上所述,传统诚信文化在思想政治教育中的融入与应用,对于提升大学生的道德品质以及形成和谐、友好的校园风气有着积极的影响,同时有益于大学生的个人成长,使其成为高素质的优秀人才。大学生传统诚信文化教育的开展,应该利用多种媒介和载体,加强传统诚信文化的宣传,提高学生的诚信观念。将传统诚信文化融入生活,让学生在学习、生活和人际交往中践行诚信,使思想政治教育获得良好的成效。

第六节　用传统文化增强大学生文化自信的思想政治教育

一、通过传统文化思政教育培养大学生文化自信概述

随着我国教育研究学者对大学传统文化思政教育研究的重视度不断提升，经过长时间的实践调查研究发现，在当今，一些具有深刻内涵的优良传统文化有可能被边缘化。在这种情况下，政府部门正积极努力加大对于传统文化的宣传力度，出台了多项法律政策，如"非物质文化遗产保护法""非物质文化遗产保护通知"等，其目的是保证我国优良传统文化得到有效的传承。

从实际角度出发，当代大学生是我国优良传统文化传承与弘扬工作的重要执行者，其文化自信水平在一定程度上直接影响着其参与优良传统文化传承与弘扬工作的积极性，影响着我国传统文化的发展速率。要保证当代大学生积极主动地响应政府号召，自觉参与我国优良传统文化传承与弘扬工作中，将传统文化元素应用到大学思想政治教育工作当中就显得尤为必要。这样，才能保证当代大学生准确有效地认知到我国优良传统文化的深刻内涵及我国的文化底蕴，进而不断提升文化自信水平。现阶段，该项工作已经成为大学思政教育的重要工作任务。

二、传统文化元素在大学思政教育中重要作用分析

随着人们对大学生文化自信情况的关注度不断提升，我国诸多大学教育机构内部的思政教职人员纷纷投入通过思政教育培养学生文化自信的研究工作中，经过长时间的实践调查研究发现，将传统文化元素融入大学思政教育工作中对思政教育工作的发展及大学生文化自信培养质量的提升有着重要的作用，这些作用具体表现在以下几个方面：一是可以丰富大学思政教育教学的资源。从宏观的角度分析，我国是一个具有五千年文明历史的古国，在五千年发展的过程中在我国形成了诸多具有思政教育功能的传统文化，这些传统文化都可以作为大学思政教育资源供大学思政教职人员使用。二是可以极大提升大学生的民族自豪感和文化自信心，相较其他国家，我国的发展时间相对久远，在长时间的发展过程中，我国的传统文化相对于其他国家更丰富，这是我国一项较为显著的竞争优势，学生通过学习我国传统文化知识，可以更直观地了解我国传统文化的优势，树立民族自豪感和文化自信心，并在这种意识的引导下积极努力地肩负传统文化弘扬与传承的重大使命。三是可以帮助学生树立正确的世界观及人生观，我国优良的传统文化当中富含诸多深刻的人生哲理，学生通过学习传统文化思政知识，直观感悟到这些人生哲理对于未来发展的重要性，进而潜移默化地弘扬并传承我国的优良传统文化，并树立正确的人生观和价值观。

三、应用传统文化增强大学生文化自信的思想政治教育改革路径分析

（一）引导大学生阅读我国经典名著

目前，现阶段我国部分大学生在学习期间并没有养成良好的阅读经典习惯，在这种情况下，学生很难了解到我国经典名著当中所富含的丰富传统文化知识，导致其民族文化自信水平一直难以得到有效提升。为了有效将传统文化元素融入大学思想政治教育工作当中，并保证其发挥出应有的作用，大学思想政治教育教学人员必须积极努力地帮助大学生树立阅读经典名著意识，为此，要重视阅读观念的转变，重视大学生良好阅读习惯及阅读兴趣的培养工作。例如，大学生思想政治教职人员可以向大学生推荐一些具有较深厚传统文化内涵的经典名著，并告知其传统文化内容将会被设定为期末考核的重点项目。与此同时，思想政治教职人员还可以引导学生在校园内部组建"经典诵读""传统文化"等社团，以此不断扩大传统文化思政教育的宣传范围。大学教育机构的领导者，必须准确有效地认知到大学生文化自信水平的提升对自身院校教学质量提升的重要性，并在这种意识的引导下，加大对校园图书馆建设的投资力度，将一些优秀的经典名著引进图书馆当中，供学生阅读使用。另外，大学思政教职人员还可以以"阅读经典名著"为主题定期举办一些读书活动或者演讲活动，不断提高当代大学生的经典阅读兴趣和积极性，保证其能够通过经典阅读活动了解到我国优秀的传统文化，并增强民族自豪感和文化自信心。

（二）充分利用信息化技术加大传统文化思政教育的宣传力度

现阶段，在应用传统文化进行大学生文化自信心培养的思政教育工作中，会受到时间限制，还会受到空间限制。基于这一情况，大学思想政治教育人员在实际工作期间必须加大传统文化思政教育宣传力度，保证大学生能够有效认知到我国优良的传统文化，并在这一过程当中不断提升民族文化自信心。为此，大学思想政治教职人员在实际工作期间必须充分利用互联网技术构建完善的传统文化思政教育宣传平台，并在平台当中定期推送一些与传统文化及思想政治教育相关信息，以此有效降低传统文化思政教育的时间限制及空间限制，不断提升大学生对传统文化的关注度。例如，大学思想政治教职人员可以利用微信公众号、校园内部贴吧等平台进行传统文化思政教育宣传工作，定期推送一些国学经典文章及与"琴""棋""书""画"有关的信息，还要结合学生的兴趣倾向及热点新闻等不断调整推送的内容，保证每一位学生能够提升对于传统文化思政教育宣传平台的关注度。再者，大学思政教职人员必须做好舆论导向管理工作，对平台中学生的言论进行动态监督审查，正向引导舆论导向，避免一些负面言论对大学生的文化自信心造成不利影响。

（三）转变以往的教育教学理念，重视优良传统文化思政教育

教育教学理念在一定程度上直接影响教学行为，影响到教学成效，只有在良好且适用

的教育教学理念支持下，才能够保证文化思政教育工作持续地进行下去，并发挥出应有的作用，不断提升大学生的文化自信水平，因此，大学思政教育人员必须重视教育教学理念的转变。为此，大学思政教职人员必须重视传统文化元素应用，准确有效地认知到将传统文化元素融入大学思政教育工作中对于提升大学生文化自信水平的重要性，并在这种意识的引导下，积极努力地探索大学传统文化思政教育有效路径。另外，大学思政教职人员在实际工作期间，必须明确自身教育引导者的角色定位及大学生教育主体的角色定位，严禁对学生进行强硬灌输式教育，以正向引导教育为主，充分尊重学生的意见及想法，保证学生在接受教育期间充分发挥出主观能动力，进而提高大学生对于传统文化思想政治知识学习的积极性。大学思政教职人员还必须以我国优良传统文化为教育重点，将传统文化思政教育划分为三个不同的阶段：一为家国情怀思政教育阶段；二为社会关爱思政教育阶段；三为人格修养思政教育阶段，以此保证传统文化思政教育的有效性及全面性，进而保证当代大学生能够有效地认知到我国的优良传统文化，使其树立民族自豪感，提升文化自信心。

综上所述，现阶段，传统文化元素与大学思想政治教育融合已经成为大学思想政治教育的必然发展趋势，培养大学生文化自信已经成为大学思想政治教育的首要工作任务。从现实的角度分析，大学生是我国优良传统文化传承及祖国建设发展的第一原动力，因此对于其文化自信的培养工作就显得尤为重要。学生只有具备较强的文化自信，才能够积极努力地肩负起我国优良传统文化弘扬传承及祖国建设的重大使命。基于这一情况，大学思想政治教职人员在实际工作期间必须将工作重心放在应用传统文化增强大学生文化自信的思想政治教育研究上，结合传统文化的特点及大学生文化自信培养工作的需求制定出具有针对性的传统文化思政教育措施，以此保证传统文化元素在大学思想政治教育工作当中能够发挥出应有的作用，进而不断提升当代大学生的文化自信。

第七节　中国传统文化精神融入大学生思想政治教育

中国传统文化源远流长，历经了长期的传承、发展，已深深地渗透进人们的行为规范、思想意识以及精神追求中，尤其是精神生活领域。中国传统文化精神融入大学生思想政治教育中，既能优化大学生知识结构，培养大学生的综合素质，还能发扬中国传统文化精神。由此可见，对中国传统文化精神融入大学生思想政治教育开展研究有十分重要的现实意义。

一、传统文化精神概述

中国传统文化历经了长期的传承、发展，已深深融入社会、经济、政治等方方面面，对人们精神生活领域的渗透更是如此。中国传统文化精神指的是历经了长期的传承、发展，中国传统文化已深深地渗透进人们的行为规范、思想意识以及精神追求中，作为一种思想观念，其在中国传统文化占据着十分重要的地位。中国传统文化精神内容主要包括爱国主义的民族精神、不屈不挠的进取意识、和谐统一的价值观念等。

二、中国传统文化精神融入大学生思想政治教育的有效策略

（一）推进中国传统文化精神与课堂教学的有效融合

对高等教育而言，课堂教学在其中扮演着十分重要的角色，是推进大学生思想政治教育及中国传统文化精神教育的一条重要途径。推进中国传统文化精神与课堂教学的有效融合，首先，应当在高校必修课课程体系中对中国传统文化精神内容予以明确确立，结合大学生对传统文化知识的需求及应用独立设置传统文化课程内容，切实满足大学生对中国传统文化精神的需求；其次，在大学生思想政治课堂教学过程中引入中国传统文化精神教学内容，依托多元丰富的思想政治理论课、人文素质选修课，增强中国传统文化精神对大学生的吸引力、感染力；最后，还可于其他公共课、必修课等相关学科教学过程中引入中国传统文化精神教育，促使学生在学习专业知识的同时受到中国传统文化精神的陶冶。

（二）推进中国传统文化精神与校园文化活动的有效融合

校园文化是高校实现有序健康发展不可或缺的软实力，是反映高校精神、发扬高校优良传统的有效载体，在培养大学生健全人格中可发挥着潜移默化的作用。推进中国传统文化精神与校园文化活动的有效相融，首先，要积极组织以发扬中国传统文化精神为主题的学术讲座、报告活动，通过宣讲提高大学生对发扬中国传统文化精神重要性的有效认识，并逐步增强大学生对中国传统文化精神的认同；其次，紧扣传统节日、纪念日、重要历史事件等时间节点，灵活组织多元、主题丰富的宣传教育活动，如知识竞赛、集体活动、节目会演等，切实提高中国传统文化精神教育的针对性、实效性；最后，积极组织不同类型的读书活动，发挥校园图书馆、读书吧的有效作用，引导学生品鉴有关中国传统文化精神的经典著作，并推进读书活动与社会实践活动等有效相融，促进收获良好的活动成效。

（三）推进中国传统文化精神与媒介宣传的有效融合

教育活动宣传离不开媒介的有力支持，随着"互联网+"的不断发展，新媒体在高校教育教学起到了越来越重要的作用。推进中国传统文化精神与媒介宣传的有效相融，首先，要凸显新媒体的有效作用，结合大学生的实际情况，借助微信、微博等平台搭建迎合大学生发展需求的特色公众平台，对中国传统文化精神中典型人物、事物予以直观形象地推送、呈现，使大学生通过浏览阅读领略中国传统文化精神的无限魅力；其次，进一步凸显传统媒体的有效作用，于校园报刊、广播、电视台中融入中国传统文化精神，推出多元丰富的访谈、专题片等节目，并推进传统媒体与新媒体的有效结合，真正意义上提升宣传教育的针对性。

总而言之，中国传统文化精神中蕴含着深厚的人文精神、道德理念、哲学思想等，为当前时代背景下大学生思想政治教育工作提供了内容及方法。鉴于此，相关人员务必要不断钻研研究、总结经验，提高对传统文化精神内涵特征的有效认识，"推进中国传统文化精神与课堂教学的有效融合""推进中国传统文化精神与校园文化活动的有效融合""推进中国传统文化精神与媒介宣传的有效融合"等，积极促进大学生思想政治教育的有序开展。

第八节　中国传统生态文化融入大学生思想政治教育

在中华传统文化的宝库中，有着以儒、道、佛家为代表的丰富的生态思想，这是基于中国农业文明的历史背景而产生的。当今社会，兴起了重新审视、批判和弘扬传统文化的热潮，思想政治教育共工作必须顺势而为，批判地选择、认真地汲取传统生态文化中的有益思想，作为思想政治教育的内容对大学生进行思想品德培养的实践活动，而这一活动也面临着理念、方法、社会环境等方面的多重挑战，这就要求思想政治教育者加强生态素养、改进教学方法，并营造弘扬传统文化的浓厚氛围来共同推进传统生态文化融入大学生思想政治教育。

一、大学生思想政治教育的中国传统生态文化溯源

在世界古文明中，唯有华夏文明能够历经沧桑而不衰一直延续至今，究其原因有很多，但其中生态伦理文明的光辉，是这一文明得以延续不可或缺的道德力量。因此，对于中国传统生态文化的研究是我们不可遗漏的重要环节。追根溯源，中华先民最初的图腾文化正是为了表达感激自然恩赐的情怀而产生的。随着农业文明的发展，人们对自然的依赖越来越大，于是产生了如何与自然相处、如何对待自然的问题，其中最为典型的、思想最为深刻的要数儒道佛三家。

（一）儒家的生态思想

首先，孔子作为儒家文化的创始人，成为阐述儒家生态思想的第一人。在《论语》中，"吾十有五而志于学，三十而立，四十而不惑，五十而知天命，六十而耳顺，七十而从心所欲不逾矩"、"君子有三畏：畏天命、畏大人、畏圣人之言"（《论语.季氏第十六》）等表达了尊重自然、敬畏自然、按自然规律办事的主张，并把"知命畏天"看作君子才具有的美德，这体现了一种天人合一的生态伦理意识。在这样的生态意识的指引下，他还主张培养"乐山乐水"的生态情怀，爱护自然间的万物，对生命要保持节用态度，不赶尽杀绝，要懂得欣赏大自然的美。

其次，孟子作为"亚圣"，在继承了孔子仁爱思想的同时，提出了"仁民而爱物"的

生态伦理命题。孟子曰："君子之于万物也，爱之而弗仁。于民也，仁之而弗亲。亲亲而仁民，仁民而爱物。"这里就生动表达了孟子爱护万物的生态伦理思想；同时，孟子也描绘了理想的儒家生态社会的蓝图，"不违农时，谷不可胜食也。粗罟不入污池，鱼鳖不可胜食也……"在这个理想社会里，不仅人们衣食无忧，可自给自足，还强调了农业生态环境保护得当，能够得以持续发展的美好愿景。

继孟子之后的荀子也表达了"天行有常"的生态伦理意识，阐明了自然界有自身的运行规律，不受人的影响，只有自然界和人类各司其职才是智慧的人，因此，在对待自然的态度和行为上，他主张"制天命而用之"，即人要顺应季节的变化利用大自然，使之服务于人类的生产生活，同时又要合理利用万物，爱护生态自然资源。

（二）道家的生态思想

相比起儒家等其他各家的思想，道家提供了内容最丰富、体系最完备的生态智慧，它强调在自然的循环过程中，人和社会、自然的一致性。

首先，作为道家学派的鼻祖，老子提出了"道法自然"的生态平衡观。老子认为，宇宙之间存在一种先天地而生、为万物之母的东西——道，同时，还存在着"四大"，即"道大、天大、地大、人亦大"，这四大是平等的，没有高低贵贱之分，这就表达了老子万物平等的伦理观基础。道、天、地和人这四者既相互独立，又彼此联系，共同构成一个有机整体。以"道法自然"的平等观为基础，老子进一步提出了"知常曰明"的生态保护观，如果"不知常"，就会对自然界胡作非为，这样必然会招致恶果。因为人类对自然界的每一次胜利，都会遭到自然界无情的报复，因此，老子告诫人们要知足知止，不要为了贪图一时的私利而招致更大的祸患；要过节俭的生活，不要铺张浪费；反对发动战争，战争必然造成资源的巨大浪费和财产的巨额损失。

其次，庄子作为道家思想的集大成者，和老子一样，崇尚原始状态的生活，他主张人类要克服私欲，放弃改造自然的企图而回归无拘无束、无欲无求的原始生活，建立返璞归真回归自然的"至德之世"。在"至德之世"中，人与自然相互依存，"人与天一""物无贵贱"，人与天地万物要实现和谐共处，就尊重其他一切的生命形式，不伤害万物，就要在发挥主观能动性利用自然的过程中遵循自然规律，否则，人类的愚昧之举不仅会破坏自然，也会伤及自身。

（三）佛教的生态思想

佛教起源于古天竺，于西汉默契进入中国并获得了巨大发展。中国佛教的核心是缘起论，认为宇宙间的万事万物在诸多条件的相互作用下产生的，在宇宙中事物处于不断地发展变化中，整个世界是一个瞬息万变的整体。因而佛教提出破除人自身的优越感，打消征服自然的念头，以包容的胸怀应对大千世界，强调众生平等。在此基础上，佛教还提出了正确处理生命体与其所处的环境之间的关系的方法——万物一体、依正不二，这一准则完美诠释了生命与环境的共生共存性，人作为生命形态中的一种，和其他诸如动物、植物等生命是一样宝贵的，因此人不能轻视和虐待其他生命。佛教的整体观思想告诉我们人与其他生命形式、与整个自然是一荣俱荣、一损俱损的关系，因此人类一切活动的前提是尊重生命、尊重自然规律。

二、传统生态文化融入思想政治教育的挑战

新时代，受到利益取向明显和多元价值观念的影响，大学生思想政治教育对传统文化缺乏全面和深刻的任认知与理解，要将传统文化融入思想政治教育，面临着理念、方法、环境等方面的多重挑战。

首先，思想政治教育文化传承理念有待加强。文化是民族的魂，中华文化是一笔宝贵的精神财富，但是随着我国经济的飞速发展，人们逐渐忽视了对传统文化的认识和传承。同时，进行大学生思想政治教育工作的教师在一定程度上传统文化素养有待提高，缺乏对传统的如儒、道等思想的系统学习和领会，面对内容丰富的传统文化，也缺乏很高的辨别能力和判断是非能力，这在潜移默化中就影响了学生的思想和行为。此外，在思想政治教育过程中，教师更侧重于以考研和考试重点为导向，教育内容带有一定的目的性和偏向性，很少在思想政治教育过程中有意识地渗透传统文化。

其次，思想政治教育文化传承方法单一。中华传统文化博大精深，很大一部分以文言文的形式存在。在以往的思想政治教育中，我们对传统文化的传承欠缺，即使有，也只是通过单一的理论灌输来达到目的，有时仅仅借助一些图片和多媒体进行，但传统文化本身有丰富的内容值得挖掘，其传承也应该以学生喜闻乐见和易于接受的方式方法进行，这样才可以避免学生在接受思想政治教育过程中产生厌烦的情绪，才有助于思想政治教育取得更大的时效性。

最后，传统生态文化融入思想政治教育的社会氛围不足。对大学生进行良好的思想政治教育，有效的课程教学是一方面，另一方面还需要良好社会环境的熏陶与支持。现代大学生大多是独生子女，父母对其关爱甚多、管教过严，受我国市场经济的影响，为了使孩子能在不久之后的就业竞争中取胜，父母几乎把全部精力放在了孩子的知识学习上，而忽视了他们的身心发展规律和全面发展的需要，这种一味地追求学习成绩好、将来好就业的错误观念使学生很难接收到传统文化的熏陶，这一现状对中华传统生态文化融入大学生思想政治教育带来了挑战。

三、传统生态文化融入大学思想政治教育的对策

首先，增强思想政治教师的生态文明理念，提升其传统生态文化素养。教师作为人类灵魂的工程师，在大学生的世界观、价值观形成过程中起着至关重要的作用，教师的一言一行在无形中给学生留下印象，对学生于无形之中产生影响。作为从事思想政治教育的教

师，要深刻洞悉时代要求，认识到自己在培养和提升学生生态道德方面的责任和使命。要对学生进行传统生态文化教育，教师自身首先需要对传统生态文化进行系统深入的学习并形成自己的理解，同时，对于我们党的历代领导人尤其是习近平总书记关于生命文明的历次论述都要认真学习和钻研，并将传统生态文化与现代生态文明理念有机结合起来，对学生进行传授，调动学生学习传统生态文化的积极性，增强学生对于传统生态文化和现代生态文明理念的认同度。

其次，改进高校思想政治教育的方式方法。毋庸置疑，理论灌输是传统思想政治教育最主要的方法，它也在思想政治教育过程中发挥了作用，但是大学生作为一个年轻的群体，其本身的猎奇心理使其本身对思想政治教育存在天生的厌烦情绪和抵触心理，他们不愿意听这种无聊的说教。如何增强思想政治教育时效性一直是思想政治教育工作者尤其是高校思想政治教师关注和研究的热点问题，

参考文献

[1] 胡在东，宋珊，杨文. 大学生思想政治教育模式与方法创新 [M]. 北京：九州出版社，2018.

[2] 王楠. 大学生思想政治教育创新研究 [M]. 延吉：延边大学出版社，2017.

[3] 周成军. 大学生思想政治教育与创新创业 [M]. 北京：光明日报出版社，2016.

[4] 闫晓静. 大学生思想政治教育创新研究 [M]. 成都：电子科技大学出版社，2017.

[5] 史庆伟. 大学生思想政治教育管理与实践研究 [M]. 天津：天津教育出版社，2015.

[6] 简冬秋，孟广普. 大学生思想政治教育方法新论 [M]. 沈阳：辽海出版社，2019.

[7] 董晓蕾. 大学生思想政治教育方法的理论与实践研究 [M]. 北京：北京师范大学出版社，2018.

[8] 徐建军. 大学生网络思想政治教育理论与方法 [M]. 北京：人民出版社，2010.

[9] 戴丽红. 当代大学生思想政治教育创新探索 [M]. 成都：电子科技大学出版社，2016.

[10] 刘便花. 高校大学生思想政治教育创新与实践研究 [M]. 北京：国家行政学院出版社，2017.

[11] 黄慧琳. 高校大学生思想政治教育与创新能力培养探索 [M]. 成都：电子科技大学出版社，2017.

[12] 崔付荣. 新时代大学生思想政治教育创新发展研究 [M]. 北京：新华出版社，2018.